SAÚDE E (IN)VISIBILIDADES DE MULHERES TRANSEXUAIS E TRAVESTIS

Insurgentes no/para o Serviço Social

Catalogação na Fonte
Elaborado por: Josefina A. S. Guedes
Bibliotecária CRB 9/870

R114s
2023

Rabelo, Samuel Francisco
Saúde e (in)visibilidades de mulheres transexuais e travestis: insurgentes no/para o Serviço Social / Samuel Francisco Rabelo. – 1 ed. – Curitiba : Appris, 2023.
129 p. ; 23 cm. – (Educação e direitos humanos: diversidade de gênero, sexual e étnico-racial).

Inclui referências.
ISBN 978-65-250-5390-5

1. Mulheres – Transexualidade. 2. Transexuais. 3. Travestis. 4. Serviço Social. I. Título. II. Série.

CDD – 306.768

Livro de acordo com a normalização técnica da ABNT

Appris editora

Editora e Livraria Appris Ltda.
Av. Manoel Ribas, 2265 – Mercês
Curitiba/PR – CEP: 80810-002
Tel. (41) 3156 - 4731
www.editoraappris.com.br

Printed in Brazil
Impresso no Brasil

Samuel Francisco Rabelo

SAÚDE E (IN)VISIBILIDADES DE MULHERES TRANSEXUAIS E TRAVESTIS

Insurgentes no/para o Serviço Social

FICHA TÉCNICA

EDITORIAL	Augusto Coelho Sara C. de Andrade Coelho
COMITÊ EDITORIAL	Marli Caetano Andréa Barbosa Gouveia - UFPR Edmeire C. Pereira - UFPR Iraneide da Silva - UFC Jacques de Lima Ferreira - UP
SUPERVISOR DA PRODUÇÃO	Renata Cristina Lopes Miccelli
ASSESSORIA EDITORIAL	Jibril Keddeh
REVISÃO	Cindy Luiz Stephanie Ferreira Lima
PRODUÇÃO EDITORIAL	William Rodrigues
DIAGRAMAÇÃO	Yaidiris Torres
CAPA	João Vitor Oliveira dos Anjos
REVISÃO DE PROVA	William Rodrigues

Dedico esta obra à minha segunda mãe, tia e madrinha, Nicinha. Seu amor me fez ser quem sou. Você estará para sempre em minhas memórias e no meu coração. Amo-te.

AGRADECIMENTOS

Agradeço, primeiramente, a Deus, por me permitir lutar em pró daquilo que acredito. Uma sociedade onde o Amor seja a única regra, o único desejo, a única ação. Agradeço pela saúde e por me amar de formas tão inimagináveis.

À mainha, Dona Nielze. Mesmo longe de seu ventre, estou no aconchego de sua alma. Eu te amo para além do infinito. Ao meu pai, Vitor *(in memoriam)* que me ensinou a transgredir. À minha tia, madrinha e minha segunda mãe, Nicinha *(in memoriam)* que cumpriu sua missão conosco no decorrer dessa publicação. Amo-te e lhe agradeço pela vida. À minha irmã, Katia e meus sobrinhos, Gabriel, Carol e Júlia.

À Universidade Federal de Sergipe (UFS), minha segunda casa e por vezes a primeira. À Coordenação de Aperfeiçoamento de Pessoal de Nível Superior (Capes), por garantir minha permanência na universidade mediante o Programa Institucional de Bolsas de Iniciação Científica (Pibic). Sou Cria de políticas públicas do Governo Lula!

Às professoras e aos professores do Departamento de Serviço Social da UFS, em especial, a Prof.ª Dr.ª Catarina Nascimento de Oliveira por todos os incentivos e cuidados matriciais. Ao Núcleo de Estudos e Pesquisas Interdisciplinares sobre a Mulher e Relações de Gênero (NEPIMG). Ao Núcleo de Pesquisas e Ações da Terceira Idade (Nupati). Ao Centro Acadêmico de Serviço Social Maria Anizia Góis Araujo (Cassmaga).

Às/Aos amigas e amigos que sempre estão comigo - Franciel Felix, Adriana Lohanna, Jordana, Fabiane, Osvaldina e Monice - minha tropa. À Noelha Rosa, Ângela Deise, Talita Ferreira, Iris Cristina, Susana Menezes, Wislania Souza e Flávia Rodrigues. Guardo cada uma/um de vocês dentro do meu fazer político.

Às pessoas transvestigêneres que abriram suas vidas para que eu pudesse me constituir enquanto aliado às suas lutas sócio-históricas. Este momento é nosso e para todas as pessoas que, de alguma maneira, sentem-se tocadas pela rebeldia contra toda forma de sistema/poder/controle que venha oprimir e desumanizar aquelas e aqueles que não se encaixam em padrões. Com todo respeito: *fuck the patterns!*

A solidão das travestis
Não é apenas carência de afeto
É o conjunto das negligências ao longo das nossas vidas
Pq não vemos tantas meninas falando sobre solidão?
pq muitas de nós optamos por não querer enxergar em nós o que mais tememos
Talvez o temor seja porque já vivemos
A solidão da trava
Solidão que corrói
A luta pelos nossos direitos é a fantasia de um mundo com menos solidão para as travestis
Quais braços a travesti chora?
Apenas os braços das suas ancestrais, que também sentiram tamanha solidão
Solidão é bicho que come pelas mãos.
Uma praga que assola as travas
A travesti perde o sentimento do toque, quando as feridas se alastram
Já não sabe mais dividir dor e amor

Ariel Matos Brito, 23 anos.[1]

[1] Uma travesti ciborgue, que transita na academia e busca reinventar peças, para aprimorar seu corpo, na tecnologia do ativismo.

PREFÁCIO

Um novo tempo há de vencer
Pra que a gente possa florescer
E, baby, amar, amar sem temer.
(JOHNNY HOOKER)

Escrever este prefácio é uma honra para mim.

Tenho refletido muito sobre a necessidade urgente de produzirmos uma escrita acadêmica com afeto, por isso, faço questão de registrar nas primeiras linhas deste prefácio, o carinho que tenho por Samuel Rabelo como pessoa, mas, sobretudo, o orgulho de vê-lo alçar voos no campo científico com muita precisão, e produzindo um debate sobre as questões de gênero e sexualidade que são urgentes para a academia, movimentos sociais e políticas públicas.

Rabelo é movimento constante, é potência e fluidez, é desejo e emoção, é ação, força e leveza. Rabelo é vida e vive em processo intenso de resistência em busca da concretização de uma sociedade socialmente justa. Este livro representa todas essas características. A escrita do autor traduz a sua essência de luta que se revela numa reflexão necessária envolvendo os processos de (in)visibilidade que movem as estruturas, vivências e experiências de mulheres transexuais e travestis.

Samuel Rabelo é um intelectual que tem se dedicado com muita potência aos estudos de gênero e sexualidade e contribuído de forma significativa com a área das Ciências Sociais Aplicadas, Ciências Humanas e Saúde, além de provocar um debate profícuo entre políticas públicas e movimentos sociais.

Inquieto, potente e questionador, Samuel desafia o Serviço Social a pensar as mulheres transsexuais e travestis e todo o processo que firma as singularidades, os afetos e acolhimentos junto à ausência e/ou a constituição de políticas públicas e as (in)visibilidades dessas experiências femininas no acesso à saúde. Trata-se de um texto que expõe o encontro do autor com o campo do Serviço Social, no sentido mais potente que possa existir, e isso marca um processo intenso e uma confluência entre subjetividade e racionalidade na constituição de novos temas políticos e de pesquisas no/para o Serviço Social.

À Samuel deixo meus parabéns pela coragem excessiva e necessária para mudar a sociedade.

Às leitoras, desejo excelentes leituras e transformações,

Prof.ª Dr.ª Patrícia Rosalba Salvador Moura Costa

Programa de Pós-Graduação em Antropologia da Universidade Federal de Sergipe (PPGA/UFS)

Desenvolve pesquisas na área interdisciplinar em Humanidades com ênfase nos seguintes temas: tecnologia social, violência contra mulheres, ruralidades, meio ambiente e relações de poder.

LISTA DE ABREVIATURAS E SIGLAS

ABEPSS	Associação Brasileira de Ensino e Pesquisa em Serviço Social
Capes	Coordenação de Aperfeiçoamento de Pessoal de Nível Superior
Cassmaga	Centro Acadêmico de Serviço Social Maria Anizia Góis Araújo
CBAS	Congresso Brasileiro de Assistentes Sociais
CCSA	Centro de Ciências Sociais Aplicadas
Ceas	Centro de Estudos e Pesquisas
CEP	Código de Ética Profissional
CFESS	Conselho Federal de Serviço Social
CFM	Conselho Federal de Medicina
CNPq	Conselho Nacional de Desenvolvimento Científico e Tecnológico
Covid-19	Infecção Respiratória Aguda Causada Pelo Coronavírus *Sars-Cov-2*
Cress	Conselho Regional de Serviço Social
DSS	Departamento de Serviço Social
Enem	Exame Nacional do Ensino Médio
Enesso	Executiva Nacional dos Estudantes De Serviço Social
Gepeh	Grupo de Estudos e Pesquisas do Envelhecimento Humano
HIV	Human Immunodeficiency Virus
LGBT	Lésbica, Gay, Bissexual, Travesti, Transexual, Transgênero
LGBTQIAPN+	Lésbica, Gay, Bissexual, Travesti, Transexuail, Transgênero, Queer, Intersexo, Assexuado, Pansexual, Não Binárie, e demais orientações e/ou Identidades de Gênero Dissidentes
LGBTQQICAAPF2K+	Lésbicas, Gays, Bissexuais, Transgêneros, Queer, Questionando, Intersexuais, Curioso, Assexuais, Aliados, Pansexuais, Polissexuais, Familiares, 2-Espíritos E Kink
Loas	Lei Orgânica de Assistência Social
Nepimg	Núcleo de Estudos e Pesquisas Interdisciplinares sobre a Mulher e Relações de Gênero

Nupati	Núcleo de Pesquisas e Ações da Terceira Idade
OMS	Organização Mundial da Saúde
Pibic	Programa Institucional de Bolsas de Iniciação Científica
Pnaes	Plano Nacional de Assistência Estudantil
PNH	Política Nacional de Humanização
PPED/Unit	Programa de Pós-Graduação em Educação da Universidade Tiradentes
Reuni	Programa de Apoio a Planos de Reestruturação e Expansão das Universidades Federais
Suas	Sistema Único de Assistência Social
SUS	Sistema Único de Saúde
TCC	Trabalho de Conclusão de Curso
UFS	Universidade Federal de Sergipe
Ufsc	Universidade Federal de Santa Catarina
Unit	Universidade Tiradentes

APRESENTAÇÃO

No livro, *Saúde e (In)Visibilidades de Mulheres Transexuais e Travestis: insurgentes no/para o Serviço Social*, o autor, além de tratar dessa abordagem que envolve mulheres transexuais e travestis, profissionais, gestores e população usuária do SUS; no campo de estudos do Serviço Social, discorre sobre a indispensabilidade de romper com a normalização que ratifica a binaridade de gênero e exclui essas mulheres de todo processo de sobrevivência digna.

Nesse bojo do debate, Samuel, presenteia os/as leitoras/es com uma discussão profícua sobre violências, porque ao tratar do "universo trans" é necessário, cada vez mais, impulsionar, a reflexão sobre todas as formas de violências que atingem as mulheres e que, muitas vezes, ceifam suas vidas. Trata-se de um debate que perpassa toda sua obra porque estudar mais com e menos sobre mulheres transexuais e travestis, necessariamente, obriga o pesquisador a congregar reflexões interseccionais sobre a questão.

O livro está dividido em capítulos que instruem a argumentação do autor em torno de assuntos que destacam os aspectos legislativos sobre saúde, políticas públicas, aspectos éticos e a constituição do Serviço Social, teoria queer, produção acadêmica, estudos de gênero e sexualidade e mulheres travestis e transsexuais.

A composição da primeira seção foi realizada através de uma descrição densa sobre o encontro do autor com o objeto de estudo, nesta parte inicial do livro, é possível verificar todo o processo de construção teórica do pesquisador, seus encontros, dúvidas, dores e amores com o tema, bem como a constituição de um profissional curioso, pró ativo, ético e vibrante com/na academia.

Na segunda seção, Rabelo apresenta uma análise documental, especialmente, sobre o universo trans nas legislações no Brasil. Aliado a este debate, o autor discorre sobre o paradoxo que expõe as normatizações para o acesso das mulheres trans ao Sistema Único de Saúde e a forma prática e real vivenciada por essas mulheres ao acessarem os serviços de saúde em seus diferentes níveis de atenção.

A problematização em torno dos estudos e temas tradicionais que fazem parte da formação do campo do Serviço Social foi realizada com potência na terceira seção. Nesta parte do livro, Samuel Rabelo, apresenta conceitos fundamentais vinculados à teoria queer, utiliza autoras clássicas do campo e provoca o Serviço Social Brasileiro a repensar a sua produção acadêmica e seu campo político, deslocando categorias teóricas fixas, (re)alocando temas e problemas de pesquisas e (re)situando-as em todas as suas formas de representações e problematizações às necessárias desconstruções e possibilidades outras de pensar e produzir conhecimento científico no Serviço Social.

Os artigos que apresentavam algum debate sobre questões trans e que foram apresentados no Congresso Brasileiro de Assistentes Sociais, entre os anos de 2016 e 2019, tornaram-se objeto de estudos e análises do autor, fato que marcou fortemente a defesa do evento, em todas as suas edições, como o *locus* privilegiado e de consolidação teórico-prática e do Projeto Ético Político no interior da categoria profissional das/dos assistentes sociais, no entanto, após a análise criteriosa dos artigos publicados, o autor levanta a necessidade de estudos que adotem a epistemologia trans para de fato dar visibilidade a (re)existências de mulheres transexuais e travestis.

Por fim, uma das perguntas que Rabelo faz é: "Onde estão as mulheres transexuais e travestis no/para o Serviço Social?". Ele chega ao ideal que é preciso romper com paradigmas conservadores e (re)estabelecer um Serviço Social que integre as mulheres transsexuais e travestis em todas as suas bases de formação e fazer profissional. Incorporar a teoria *queer* à produção acadêmica no Serviço Social, para o autor, é sem dúvida, uma maneira de questionar o *status quo* e o *establishment* que demarcam uma sociedade excludente para as mulheres transexuais e travestis.

A contribuição de Samuel Rabelo aos estudos de gênero e sexualidade é sem dúvida muito potente. Este livro contribui para que novos olhares sejam lançados e (re)construídos sobre a pesquisa e a atuação da/do assistente social no campo político e em suas práticas diária.

À Samuel deixo meus parabéns pela coragem excessiva e necessária para mudar a sociedade.

Às leitoras, desejo excelente leitura e transformação,

Prof.ª Dr.ª Patrícia Rosalba Salvador Moura Costa

Programa de Pós-Graduação em Antropologia da Universidade Federal de Sergipe (PPGA/UFS)

Desenvolve pesquisas na área interdisciplinar em Humanidades com ênfase nos seguintes temas: tecnologia social, violência contra mulheres, ruralidades, meio ambiente e relações de poder.

SUMÁRIO

À MARGEM: CAMINHOS INTRODUTÓRIOS

SEÇÃO I

E o Verbo (RESISTIR) se fez carne e habitou entre nós.
[...]
E a vida segue.
Muitas morrem, outras nascem cada vez
mais novas.
assim elas vão, desviando dos tiros,
esbarrando no preconceito, correndo
da polícia.
Mas sempre com um batom nos lábios,
um belo salto nos pés
e na maioria das vezes um vazio no coração.
Ela não precisa de redenção.

(Rafael Menezes — História de todas nós)

É chegada a hora. O momento de assumirmos que, talvez, o Serviço Social brasileiro, historicamente, tem demarcado um campo disciplinar (o que é válido enquanto objeto de pesquisa em Serviço Social, ou não, e o que podemos tencionar em outra perspectiva de análise, que não seja na do contexto hegemônico da profissão). Tal provocação traduz-se a partir de um olhar sensível, sorrateiro e pouco evidenciado (praticamente inexistente no Serviço Social), em que assumimos que as relações de classe, com todo respeito à construção histórica da profissão, não podem, por si só, ler universalmente todas as sujeitas humanas, sobretudo aquelas que sequer são vistas como humanas pela base teórica da profissão, sob a matriz binária do sexo e do gênero, e que às "invenções" do século XXI – abjetas, estrangeiras em seus próprios corpos, restam aguardar que isso, inicialmente, seja provocado à análise da realidade posta ao contexto da formação profissional. E esse é justamente o nosso primeiro salto. Ousado, assumimos, mas que evidencia uma maturidade necessária a toda pessoa humana na pesquisa, sobretudo a um embrionário pesquisador, como esse que voz subscreve.

Costumo dizer que se você não sabe por onde começar, olhe ao redor e perceba outras realidades além da sua. Isso de fato tem me motivado a romper com normas estabelecidas e, diga-se de passagem, bem excludentes. Ao passar pela peneira excludente do Exame Nacional do Ensino Médio (ENEM) para o curso de Serviço Social da Universidade Federal de Sergipe no ano de 2017 – e isso só foi possível graças as políticas públicas que me alcançaram, vi-me com muitas de dúvidas, correntes e viseiras trazidas de outros processos formativos. Passo a encarar uma formação que me permite ser livre. Considero o Serviço Social como uma possibilidade de evoluir enquanto sujeito que, até então, apresentava resquícios do conservadorismo religioso, que, por anos, ditara a forma como se constituíam as relações sociais em minha vida. Nesse momento de encontro e ressignificação de processos, passo a romper um casulo de normas antes tidas como essenciais.

Deparo-me com uma realidade que se liga diretamente à defesa intransigente dos Direitos Humanos, enxergando cada pessoa como uma possibilidade de vida, como humana em suas mais plurais noções de si. Aproximo-me e me apaixono pelo movimento estudantil, em que encontro uma rede de apoio essencial para que hoje possa estar aqui. Nesse despertar, recebo o convite para a atravessar os muros da universidade, reconhecendo realidades outras, diferentes e ao mesmo tempo presentes, mesmo que de forma silenciosa em minha existência. Decido viver a Universidade Pública, entendendo agora os "porquês" de meus pais e avós não a adentrarem. Entendo que a defesa da Educação, antes já presente em minha vida, só foi fortalecida ao reconhecer que o chão onde piso possui marcas de décadas de lutas e de sangue.

Pessoa taurina como sou, sempre busquei participar de todos os espaços promovidos tanto pelo Departamento de Serviço Social (DSS), quanto por outros departamentos, dentro e fora da universidade. O atravessar dos muros passa a me mostrar uma população que pouco via na universidade, inclusive no curso ao qual estava vinculado. Passo a conviver com mulheres transexuais e travestis em rodas de debates populares, em calouradas promovidas pelo movimento estudantil, mas onde estavam essas mulheridades e feminilidades na universidade? Onde estavam essas mulheres e feminilidades no Serviço Social que, desde o início, mostrou-se aberto a reconhecer as particularidades constitutivas do ser social? Começo a desenvolver uma inquietude diária, resultando em minha primeira aproximação teórica e prática, a partir de uma pesquisa realizada na disciplina de Antropologia.

A pesquisa em questão permitiu mapear o acesso e permanência de travestis e transexuais na UFS. Realizei em grupo um processo de reconhecimento das realidades que pessoas transvestigêneres enfrentavam, desde a dificuldade para requerer o respeito ao nome social, pois, até então, mesmo com a Portaria n.º 3383/2013, que regulamenta o uso do nome social de travestis e transexuais, mas que, ao mesmo tempo, mantém certa rigidez. De acordo com a resolução em questão, "Art. 3º - O nome social deverá constar em todos os registros da UFS, entre parênteses, ao lado do nome civil" (UFS, 2013, s/p). Tal ponto abre precedentes para o não respeito ao nome com o qual a pessoa se identifica. Muitas questões foram evidenciadas como uma constante violência institucional, violência psicológica e moral dentro e fora das salas de aulas, assédio moral e sexual durante o uso dos banheiros, entre outras violências. Tais evidências culminaram no baixo rendimento acadêmico, no adoecimento dessa população e até mesmo na sua evasão, sendo reconhecido pela população entrevistada.

No ano de 2018, começo a participar das reuniões realizadas pelo Núcleo de Estudos e Pesquisas Interdisciplinares sobre a Mulher e Relações de Gênero (NEPIMG), vinculado ao Departamento de Serviço Social e do Grupo de Pesquisa do CNPq "Educação, Formação, Processos de Trabalho e Relações de Gênero". Nesses espaços, passo a conhecer e reconhecer processos antes pouco pensáveis, desde as dinâmicas que aprofundam as desigualdades presentes em nosso meio, como provocações sobre as chamadas dissidências de gênero. Com o desenvolvimento diário já evidenciado e as contribuições das discussões, encontros, eventos ou simples conversas nos corredores, vejo-me crescer, assumindo uma posição ética e política ao decidir aproveitar dos meus lugares de acessos para propiciar o ecoar das vozes de mulheres transexuais e travestis, adotando a *Cis*aliança[2] como uma política ética de vida.

[2] Subscrevemos a *cis*aliança como um conjunto de práticas diárias de respeito, reconhecimento e cooperação à população de travestis e transexuais, tanto na pauta identitária, quanto na prática política.

O ano de 2019, sem nenhuma chance de errar, marca minha formação acadêmica, quando me afirmo enquanto um embrionário pesquisador nos estudos de gênero. Chegando próximo ao período de matrícula curricular, ouço boatos de que seria ofertada uma disciplina optativa do DSS com foco nos estudos de gênero. Lembro-me de madrugar (ansiedade) e, por fim, matricular-me no componente curricular Relações de Gênero e Serviço Social. Recém-chegada de seu doutoramento pelo Programa de Pós-Graduação Interdisciplinar em Ciências Humanas (PPIGCH) do Centro de Filosofia e Ciências Humanas da Universidade Federal de Santa Catarina (Ufsc), onde pesquisava sobre a produção do conhecimento do Serviço Social por uma perspectiva de(s)colonial é apresentada uma docente calma, serena; um tanto séria, mas nada que eu não conseguisse arrancar um singelo sorriso que até hoje me traz a sensação de abraço, de ser acolhido, ouvido, de ser humanizado com todos os defeitos que pudesse ter.

Cá entre nós, como um bom e velho taurino, sou um tanto complicado de lidar; mas sabe quando o santo bate? Continuemos. Catarina, que arrisco dizer ser alguma parente muito próxima de Catarina, rainha da Rússia no século XVIII, torna-se a professora que nos mostra um Serviço Social aberto às possibilidades de se pensar os estudos de gênero de uma forma que aprofunde as nossas práticas cotidianas, de acordo com as realidades que são postas na contemporaneidade, tanto na pesquisa quanto na vida acadêmica e profissional. Longe de mim exagerar, e ela já percebera que só reconheço sentimentos quando sinto segurança — sou enxergado, e isso, queridas/os leitoras/es, só as grandes humanas são capazes de fazer. Mesmo sendo um peixinho, ansioso e por vezes se jogando em um oceano sem a mínima preocupação de ser devorado, sinto alento para nadar, sabendo que alguém me observa. Sabendo que para além de uma profissional ética e orgulhosa da profissão que escolhera para sua vida — teria mãos para me ajudar a levantar e, por vezes, um abraço e carinho que só a maternidade é capaz de conceber.

Ao mesmo tempo, minha participação em projetos vinculados ao Programa Institucional de Bolsas de Iniciação Científica (Pibic), iniciada como voluntário e depois com a promoção de bolsa de estudos, afirma-se como fundamental ao amadurecimento teórico e metodológico que possuo. Esse processo é diário, e reconhecer a importância do Pibic em minha trajetória acadêmica só me dá a certeza de trilhar um caminho por vezes difícil, sendo atacado por todos os lados por parte de uma agenda neoliberal que não reconhece a importância da manutenção acadêmica e da inserção de estudantes, sobretudo das áreas de humanas e sociais aplicadas no tripé do ensino, pesquisa e extensão.

Conhecendo melhor as categorias de raça, gênero, classe, geração, corporalidades e outros atravessamentos que se fazem presentes em minha vida e a real necessidade de um aprofundamento para a promoção de defesa dos Direitos Humanos, encontro-me confortável durante uma festa de carnaval fora de época no ano de 2019. Aquelas de bairro, sabe. Ali, acompanhado de uma amiga que outrora tornava-se a primeira mulher transexual à compor a Executiva Nacional dos Estudantes de Serviço Social (Enesso) e a primeira mulher transexual, mestra em Educação pela UFS (e tantas outras conquistas); percebo o quão solitário e violento é para que mulheres transexuais e travestis ocupem espaços públicos e privados e, mais ainda, as lutas que enfrentam para se manterem vivas, humanas em uma realidade social que as restringem pelo simples fato de se constituírem enquanto sujeitas de direitos.

Inquietudes passam a me incomodar, frente o Serviço Social e a vida, enquanto sujeito cisgênero que pode fazer algo para contribuir ao movimento de mulheres transexuais e travestis. Decido, então, mergulhar mais ainda nas leituras que me foram apresentadas, desenvolvendo questionamentos para o Serviço Social que me aparecia como uma categoria presente nas lutas sociais, mas que ao mesmo tempo pouco traz em seu bojo teórico as dinâmicas das violências contra mulheres transexuais e travestis. Não há como produzir o movimento LGBTQQICAAPF2K+ sem assumir uma posição interseccional frente às particularidades que integram as populações atravessadas por esse movimento histórico.

Não conformado com essa realidade no campo do Serviço Social, lanço-me em 2020 à seleção de mestrado do Programa de Pós-Graduação em Educação da Universidade Tiradentes (PPED/Unit). Já possuía uma graduação anterior, certa experiência na docência, percebendo, assim, um caminho que pudesse me constituir mais fortemente enquanto pesquisador. Concomitantemente à formação em Serviço Social, decido mergulhar nos estudos transviados, passando pela perspectiva pós-crítica e me encontrando em dado momento com a teoria *queer*, a qual adoto para o desenvolvimento desse estudo no campo do Serviço Social. Nesse processo formativo, os questionamentos antes sugeridos são acesos como tochas flamejantes, decidindo então que deveria, por respeito ético, político e identitário, lançar mão do medo da pesquisa em Serviço Social distante da maioria até então realizada.

Não há como apresentar essa pesquisa sem reconhecer as limitações e desafios postos à realidade mundial, a partir da pandemia da Covid-19, provocada pelo novo coronavírus *(Sars-Cov-2)* em meados de 2020. As mudanças ocorridas nas dinâmicas de nossos estudos e pesquisas atingiram significativamente toda a população. No Brasil, para além da Covid-19, tivemos e ainda temos um mal que vem assolando os nossos territórios há décadas. O negacionismo à ciência, às pesquisas, às vidas brasileiras resultara em mais de 705 mil mortes. Os corredores das universidades silenciaram. Aos poucos tentamos voltar a uma nova vida, pois nada seria como antes. O misto de sensações que desenvolvemos, tanto pela dor da perda, da ausência, ou pelo mínimo alívio de não nos corrompermos; é imensurável. Perdemos mães, pais, avós, filhos, filhas, professores, professoras, alunos, alunas ou conhecidos e conhecidas que víamos nas ruas e nos cumprimentavam com um breve sorriso e um aceno de mão. Sonhos foram enterrados e a nós resta assumirmos a esperança enquanto verbo. Esperançar.

Concluo a graduação em Serviço Social com a vontade de provocar. Provocar a mim mesmo e a pesquisa em Serviço Social, que até então nos mostra discussões nos estudos de gênero em sua maioria apenas por uma única perspectiva de análise e que por vezes não aprofunda as intersecções que nos constituem enquanto seres humanos. Agora, em grau de doutoramento em educação, busco aprofundar os passos realizados, acreditando nos mesmos ideais de justiça social e humanização.

Ao longo do tempo, tenho percebido que as raças, as corporalidades e a própria dimensão da sexualidade ainda são apreensões embrionárias no/para o Serviço Social. Olho para as pesquisas feitas até o momento no âmbito do DSS e me questiono: onde estão as mulheres transexuais e travestis no Serviço Social? Como atuei por um tempo como técnico de enfermagem, sobretudo em Hospitais Regionais, em setores de média e alta complexidade, e já ter presenciado violências verbais, morais, psicológicas e institucionais contra a população transexual e travesti, decido alçar esse voo. Com uma temática complexa, pouco evidenciada na área e por uma perspectiva praticamente inexistente para a categoria profissional, decido me embriagar na teoria *queer.*

Dito isso, caras/os leitoras/es, apostamos na produção de *Saúde e (In) visibilidades de Mulheres Transexuais e Travestis: insurgentes no/para o Serviço Social* por entendermos que o Serviço Social está diretamente ligado às práticas de atenção e cuidados em saúde e na visibilidade dessa população por meio do trabalho profissional e da produção do conhecimento. Reconhecemos que essa pesquisa é muito cara e ao mesmo tempo desafiadora ao Serviço Social brasileiro. Contudo, acreditamos que, a partir da articulação entre as dimensões constitutivas do Serviço Social, ético-política, teórico-metodológica e técnico-operativa, podemos ser livres ao ponto de apresentarmos possibilidades outras de uma atuação que humanize mulheres transexuais e travestis desde a produção do conhecimento, perpassando à prática profissional de assistentes sociais. Assim, visualizamos a cauterização de erros por vezes tão primários à categoria como o não respeito à identidade de gênero já presenciado, inclusive, em eventos nacionais.

Aqui, não há verdades absolutas, nem tampouco buscamos deslegitimar o contexto histórico do Serviço Social, mas, sim, legitimar e reconhecer que os processos de violências direcionados às mulheres transexuais e travestis no SUS são tencionados a partir de uma ótica que emerge da cisheteronormatividade. De acordo com a apreensão de Eli Bruno do Prado Rocha Rosa (2020, p. 59), em seu estudo, *Cisheteronormatividade como instituição total,* podemos compreender a cisheteronormatividade como uma "direcionadora dos comportamentos dos indivíduos". Ela vincula-se à mais rígida expressão do conservadorismo, não reconhecendo a (re)existência do corpo estrangeiro, do abjeto, do estranho, do *queer* — promovendo, assim, múltiplas formas de violências, que culminam em processos de solidão, onde o acesso, a permanência e o desenvolvimento dessa população no SUS tornam-se comprometidos e, por vezes, traumatizantes.

Somos profundamente constituídas/os no bojo de nossa cultura. Não há, e não devemos caminhar sob uma autodeterminação do gênero, visto que estaríamos entrando numa tônica da escolha, e, nós, pesquisadoras/es dos estudos de gênero, sabemos que o campo, em toda a sua potência política e plural, reproduz-se a partir de diferentes construções sociais, dadas sob a cultura, instituindo, assim, micropolíticas capazes de deslocar a noção fixas de sujeitas centradas e unificadas, para sujeitas que se subvertem à norma estabelecida, revolucionando suas próprias existências enquanto mulheres que lutam constantemente por uma inteligibilidade social.

A urgência inicial é perceber o que Benedetti (2005) sugere como "universo trans" para uma proposta de campo de pesquisa para o Serviço Social, em que, associadas às dimensões constitutivas da profissão, podemos garantir a autonomia e visibilidades que permeiam as nossas escritas, logo, a prática profissional. Tal marcador dos estudos de gênero, com referência às dissidências projetadas na sociedade, evocam realidades que, de fato, estão de fora da maioria dos trabalhos até então produzidos pela categoria. Estudos que promovam as transexualidades, as travestilidades, as deficiências e até mesmo a própria noção de sexualidade fora da matriz binária de sexo e gênero ainda são pouco recorrentes.

Aqui e na vida, passamos a enveredar por caminhos complexos, por vezes pedregosos à matriz teórica do Serviço Social, mas que são necessários, sobretudo para garantir que, no exemplo deste trabalho, mulheres transexuais e travestis, usuárias dos serviços e ações de Saúde, sejam humanizadas. É natural que ocorra um incômodo epistêmico, mas, desde já, reafirmamos o nosso posicionamento político e humano com as muitas dimensões da vida cotidiana que devem ser compreendidas à luz da intersecção de raça, gênero, classe, idade, religião, geracionalidade, corporalidades e quaisquer outras categorias que integrem a realidade de sujeitas plurais das quais nos deparamos diariamente no fazer profissional de uma categoria ligada à defesa intransigente dos Direitos Humanos e contra toda e qualquer forma de opressão, contra o arbítrio e o conservadorismo, conforme preconizado no Código de Ética Profissional (CEP).

Tomamos a presente escrita como potência epistêmica a partir de referências no campo dos estudos de gênero, com especial direcionamento às realidades que perpassam mulheres transexuais e travestis. Passamos a interagir com as escritas de Berenice Bento, Guacira Lopes Louro, Marcos Benedetti, Elias Ferreira Veras, entre outras/os, para a apreensão do "universo trans" e seu trânsito no convívio social. A mais recente potência política em formato de escrita, vinda da carne-vida da Prof.ª Dr.ª Letícia Carolina Pereira do Nascimento, uma mulher travesti, negra e gorda, com seu livro *Transfeminismo* é responsável pela chama que nos queima na certeza de propor algo urgente à cena contemporânea para o próprio Serviço Social.

Enquanto educadores/as, apostamos no método pós-estruturalista (que não é pós-moderno, pois sequer rompemos com todas as estruturas da modernidade do século XVIII) como possibilidade epistemológica e metodológica para o Serviço Social, comum na educação, para apresentar preposições condizentes às realidades aqui evidenciadas. A escolha pelo desenho da pesquisa dá-se no instante em que nos deparamos com estudos que transitam na teoria social crítica, mas que em dado momento, no tocante às identidades, às sexualidades, às noções outras de si, sobretudo no tratar da contemporaneidade, são evocados autores pós-estruturalistas, como Michel Foucault, Gilles Deleuze e Jacques Derrida. Por vezes, encontramos escritos no Serviço Social com brevidades das contribuições da filósofa pós-estruturalista, Judith Butler, porém, com pouco aprofundamento, quase esteiro, necessário para se entender a dinâmica que recorre a qualquer objeto de estudo. Nesse sentido, segundo Tedeshi e Pavan:

> [...] o Pós-estruturalismo tem produzido uma série de inquietações, de dúvidas, de contribuições; tem mobilizado o pensamento educacional e viabilizado re/significar os sentidos e os usos de metodologias nos processos de investigação. (TEDESHI; PAVAN, 2017, p. 773).

As respostas, por vezes inconclusas e as inquietações desveladas até agora, remete-nos a pensarmos o outro, até mesmo o "novo" para um campo disciplinar ainda insistente em pouco investir em outras teorizações que promovem uma leitura real e transparente das experiências vivenciadas por mulheres transexuais e travestis. Falamos de locais à margem do movimento LGBTQQICAAPF2K+. São as mulheres transexuais e travestis que estão literalmente abaixo da bandeira, aparando com seus corpos violências que cruzam vários polos, desde a quebra com a *cis*heteronorma, até o confronto com a própria ciência. Enquanto um homem branco, cisgênero e bissexual, uso meu lugar de fala, jamais de representatividade, sabendo que "um homem branco, cis, pode teorizar sobre a realidade de pessoas trans e travestis a partir do lugar que ele ocupa" (RIBEIRO, 2017, p. 83). Ou seja, passo a reconhecer as fragilidades e violências que atravessam mulheres transexuais e travestis, assumindo a responsabilização enquanto sujeito inserido na dinâmica do poder, a partir do lugar social que ocupo.

Nesse movimento[3], buscamos, sob a analítica *queer* dos estudos de gênero em uma perspectiva pós-estruturalista, alcançar o objetivo geral de analisar as dimensões da saúde e (in)visibildiades de mulheres transexuais e travestis. Para isso, situamos a nossa escrita sob os princípios II e XI do Código de Ética do/a Assistente Social. Para o alcance desse objetivo, propomos inicialmente a adoção de encruzilhadas para o Serviço Social, adotando a teoria *queer* como uma possibilidade de se pensar e fazer pesquisa em Serviço Social, frente às novas demandas que estão postas à categoria profissional. Em seguida, levantamos as percepções do "Universo Trans" na

[3] Utilizo o termo movimento como proposta de produzir aquilo que se desloca de acordo com a realidade e as tensões que possam surgir.

produção do conhecimento no Congresso Brasileiro de Assistentes Sociais (2016-2019), por meio do levantamento bibliográfico e análise de 12 artigos produzidos sobre a temática.

Nesse movimento, aproveitamos para evidenciar as tipologias de violências em seus mais diferentes moldes, visto que, diariamente, presenciamos processos de violências físicas, psicológicas, institucionais, entre outras, porém sem encontrar de fato uma atenção que gere políticas de enfrentamentos e conscientização permanente tanto para a população usuária, quanto para as equipes que integram os equipamentos sociais e as instituições. Vê-se também na escrita uma proposta para um alarme às epistemologias "trans". A invisibilidade e a solidão de mulheres transexuais e travestis podem existir também na produção do conhecimento a na maneira como elas estão sendo articuladas quando fontes de objetos de pesquisa.

O enlace desses objetivos constituirá nossa abordagem para que, com todo rigor ético e político à pesquisa, possamos construir para além de uma escrita acadêmica, um espaço que potencialize a pesquisa em Serviço Social no âmbito das dissidências de gênero, múltiplas e plurais, promovendo a construção de uma rede de saberes que se estabelece de acordo com os encontros, desencontros, alegrias, esperanças e dissabores das experiências direcionadas às mulheres transexuais e travestis.

Dessa forma, poderemos formular estratégias para o enfrentamento das expressões de violências contra mulheres transexuais e travestis no âmbito do SUS e na produção do conhecimento em Serviço Social, que, nos últimos anos, apresenta-se como um sistema em constante reafirmação de seus compromissos com a população usuária, bem como com as profissionais das mais distintas áreas do saber que possuem um papel essencial na oferta dos serviços prestados, na assistência às demandas apresentadas e na busca por um atendimento que humanize mulheres transexuais e travestis no e para o Sistema Único de Saúde (SUS). Nosso SUS é essencial, não há quem diga o contrário. Porém sabemos que ele não caminha por conta própria e que nos últimos anos têm sofrido, assim como todo bem público, intensos ataques por parte de uma política reacionária à luz do neoliberalismo, provocando tensões que nos deslocam enquanto profissionais da saúde inseridas/os em realidades por vezes perturbadoras.

Atuando nele, podemos ver o quão dificultoso ainda é quando mulheres transexuais e travestis, na busca por um atendimento digno e humanizado, são colocadas em situações vexatórias, que vão desde a recusa pelo respeito ao nome social ao tratamento pronominal de acordo com as suas identidades de gênero; passando por olhares julgadores, recusa na prestação de serviços quando há a manipulação direta com as usuárias até processos de culminem no silenciamento e, consequentemente, no afastamento dessa população na saúde enquanto um direito constitucionalmente garantido.

Apontamos a relevância do presente trabalho no instante em que nos deparamos com uma realidade ainda rígida na experiência de mulheres transexuais e travestis no SUS e no Serviço Social, sobretudo na produção do conhecimento. Abordamos uma realidade de companheiras que lutam diariamente contra a transfobia e qualquer forma de opressão, segregação e invisibilidade dessas experiências consideradas abjetas.

À sociedade, poderemos promover essa abordagem, a fim de que a reprodução de violências seja minimizada, incidindo também à prática de atenção e cuidado multidisciplinar, visto que a estrutura hegemônica do fenômeno da violência não se dissipa, ainda mais em um contexto conservador que inviabilize o acesso da população à informação de diferentes maneiras.

À comunidade científica, apresenta-se uma proposta de pensamento outro leve e, ao mesmo tempo, que possa causar um certo desconforto ao contexto hegemônico do Serviço Social. O estranho causa espanto, o espanto a curiosidade, e a curiosidade à leitura que torcemos para que se traduza em uma nova prática profissional, em que mulheres transexuais e travestis e demais pessoas transgressoras de gênero tenham de fato a sua humanização garantida, desde as pesquisas em Serviço Social até o contexto dos serviços prestados, aqui, direcionamos ao SUS.

Para se pensar a insurgência dessa pesquisa no Serviço Social ao abordarmos a aspectos presentes nas vidas de mulheres transexuais e travestis no âmbito do SUS, percorreremos por caminhos da educação, da sociologia, da história, constituindo uma rede de apoio teórico que contribua ao Serviço Social enquanto campo do saber científico. Dadas as partilhas, travessias e vivências com o "universo trans", apontamos a realização de uma pesquisa, apoiando-nos em obras de autores que evoquem a abordagem à cena pública, como a socióloga brasileira, Berenice Bento (2008, 2011); a pesquisadora pós-estruturalista, Guacira Lopes Louro (2021); a filósofa pós-estruturalista estadunidense Judith Butler (2011, 2015, 2019); o historiador James N. Green (2019); o psicólogo e escritor brasileiro João W. Nery (2019); a professora, psicóloga e pesquisadora transfeminista Jaqueline Gomes de Jesus (2019); a professora e assistente social Adriana Lohanna dos Santos (2017), dentre outras/os autoras/es que contribuam a construção de mais esse espaço político.

Assim, pôde-se desenvolver uma pesquisa no caminho da crítica a racionalidade moderna e as fronteiras estabelecidas entre o sexo e o gênero, considerando então o aporte teórico da teoria *queer* nos estudos de gênero como a que responde as nossas expectativas do campo em questão. É um desafio, visto que tal abordagem possui maior encontro no campo da Educação, sendo praticamente silenciado no Serviço Social, em que o movimento de descolonizar o Serviço Social já apresenta desenhos de uma política *queer*.

Todavia, como rompemos com o sujeito universal, também tencionamos que não há um campo teórico-metodológico que suprima todo conjunto da sociedade, principalmente em categorias como o estudo das abjeções e dos múltiplos tecidos que integram a realidade de mulheres transexuais e travestis, possuindo maior incidência nas pesquisas com a entrada do século XXI e as contribuições do movimento feminista, movimento negro, movimento de pessoas com deficiências, entre outros considerados como os novos movimentos sociais, que passaram a entender as desigualdades na dinâmica social para além da relação de classe, começando, portanto, a reprodução de categorias como o corpo, o desejo e a própria sexualidade.

É relevante pontuar que não buscamos construir um pergaminho. Acreditamos ser mais um cais, uma possibilidade de encontro entre o "universo trans", de dar pistas, obviamente resumido à experiência de mulheres transexuais e travestis no SUS, as práticas de atenção e cuidado interdisciplinar da Assistente Social e a pesquisa em Serviço Social, campo do qual o eu lírico da presente pesquisa se orgulha de chegar ao final da graduação em tempos tão sombrios. Com isso, já me questionando enquanto pesquisador dos estudos gênero com recorte às transexualidades e às travestilidades em um campo disciplinar que pouco investe nessas pesquisas, busquei dividir este trabalho de forma a facilitar a você, querida leitora, uma leitura que possibilite o pensar, a crítica e a reprodução de novos olhares e ações frente à busca pela, de fato, humanização de mulheres transexuais e travestis, insurgentes, no/para o Serviço Social.

Face ao exposto, a referida monografia conta com três sessões, assim distribuídas: a primeira, esta que compõe a introdução. Já a segunda, intitulada "Legislação e Saúde Pública no Brasil: uma imersão", apresenta uma revisão da literatura sobre um breve histórico de mulheres transexuais e travestis, levando em conta a sua efetiva participação em lutas históricas no Brasil, dado a partir das contribuições do movimento feminista e da luta LGBT com referência à segunda metade do século XX, a partir de 1960 até a eclosão do transfeminismo como potência política e de pensamento nos anos 2000. Tenciona a legislação vigente para o acesso de mulheres transexuais e travestis no âmbito do SUS e a realidade enfrentada por essa população na realidade que a perpassa. Apoia-se na Política Nacional de Humanização, para considerar os desafios para a aplicabilidade da humanização em Saúde de mulheres transexuais e travestis.

A terceira sessão, denominada "Mulheres Transexuais e Travestis no Serviço Social: a emergência de se pensar o *Queer*", cuida de apresentar a teoria *queer* para a pesquisa em Serviço Social como uma possibilidade de se pensar e fazer pesquisa em Serviço Social, percebendo atravessamentos que implicam às dinâmicas de mulheres transexuais e travestis, propondo assim a adoção de outras tendências teóricas para o Serviço Social levando em conta o respeito ao contexto histórico da profissão e o seu projeto ético-político. Questiona como o campo de pesquisa em Serviço Social tem se debruçado sobre o "universo trans", a partir da produção do conhecimento de artigos apresentados no Congresso Brasileiro de Assistentes Sociais, entre os anos de 2016 e 2019. Nessa sessão também são debatidas questões sobre a importância de se pensar a pesquisa em Serviço Social como um espaço que humanize mulheres transexuais e travestis, compreendendo que essas mulheres possuem particularidades que incidem diretamente na promoção de políticas públicas e no trabalho do Serviço Social.

A referida sessão traz os resultados por meio da análise dos artigos publicados no Congresso Brasileiro de Assistentes Sociais entre os anos de 2016 e 2019, além de documentos jurídicos utilizados ao longo da escrita. As breves considerações que pausam o trabalho, localizadas no "**Desenlace**", trazem à cena estratégias para o enfrentamento de expressões de violências contra mulheres transexuais e travestis no SUS e no Serviço Social. Na sequência, apresentamos as referências utilizadas à construção deste trabalho, além dos anexos que recorremos e achamos por oportuno trazê-los para a pesquisa.

Esta pesquisa, em linhas gerais, ainda que de maneira embrionária para o Serviço Social, nutre-se de questões provocativas e éticas: quais tendências teóricas e percepções têm sido evidenciadas na apreensão do "universo trans" no Serviço Social? Como a legislação em saúde pública no Brasil se constitui no âmbito legal e real, a fim de promover a humanização de mulheres transexuais e travestis? Como o fenômeno da violência se constitui também na escrita sobre mulheres transexuais e travestis? Tais questões são mínimas frente às preocupações e às observâncias em saúde de travestis e transexuais deste que vos enuncia.

Esperamos que esta construção seja uma oportunidade de reflexão para uma atuação que humanize mulheres transexuais e travestis no/para o Serviço Social e que, a partir desses olhares, essas mulheres possam, de fato, acessar o SUS com a garantia de que a Política Nacional de Humanização não fique somente no legal, mas integre o real das experiências ainda consideradas abjetas e, por vezes, invisibilizadas. Desejo muita Luz a você, querida leitora. Que este cais possibilite o encontro de vidas, por vezes perdidas, mas ainda pulsantes, em corações que não desejam outra coisa senão viver a humanização de seus corpos, insurgentes à norma e a solidão. Humanas!

LEGISLAÇÃO E SAÚDE PÚBLICA NO BRASIL: UMA IMERSÃO

SEÇÃO 2

Dandara é levada a um beco e executada. Dois tiros no rosto.
Um paralelepípedo foi usado para esmagar seu crânio.
Doze homens participaram do linchamento, sendo oito adultos e quatro adolescentes. Tudo foi presenciado por outras incontáveis pessoas, mas ninguém a ajudou diretamente.

(Anderson Cavichioli)

Escultura em homenagem à travesti Dandara dos Santos, assassinada em 2017 em Fortaleza, exposta em Nova York, nos Estados Unidos. A obra, do artista Rubem Robierb, simboliza as asas de uma borboleta que voa para longe de toda forma de preconceito e segregação.

A epígrafe que abre esta sessão integra a tocante obra *Dandara Katheryn: a mulher de nome bonito*, escrita pelo pesquisador e mestre em Direitos Humanos, Anderson Cavichioli. A inquietação e sensibilidade do autor em tocar nessa ferida ainda sanguinolenta, atravessando fenômenos que culminaram na invisibilidade social e no assassinado de Dandara, certamente nos tira de nossa zona de conforto, mostrando-nos um cenário ainda pedregoso, mas que dá vasão aos processos de resistência e ressignificação para mulheres transexuais e travestis na contemporaneidade.

E pensar que tudo poderia ter sido diferente. Dandara poderia ter sido feliz. Ela merecia ser feliz. Uma mulher travesti, periférica, de 42 anos, é assassinada em 15 de fevereiro de 2017 no bairro Bom Jardim, em Fortaleza, capital do Ceará, e choca todo o mundo; não pelo assassinato em si, pois não é algo novo que atravessa o caminho de mulheres transexuais e travestis, mas pela forma brutal com a qual seu corpo renegado sentiu as inúmeras ofensas (que também não demarca novidades), seguidas de chutes, socos e o espancamento que precedeu a sua execução, sendo alvejada com tiros em plena luz do dia. As agressões direcionadas às mulheres transexuais e travestis não ocorrem apenas com a morte de suas existências abjetas. De acordo com o professor, doutor em educação Amilton Gustavo da Silva Passos, "Quando ocorrem, as agressões costumam ser múltiplas, através da utilização de instrumentos que permitem diversas investidas antes da efetiva morte de suas vítimas, sendo tais atos concentrados na região da face e órgãos genitais" (PASSOS, 2014, p. 44).

As roupas rasgadas, o sangue derramado e o crânio esmagado impetraram uma mensagem vinda do *cis*tema: se você não segue as normas, não merece estar entre nós. Os requintes de crueldades que silenciaram não somente o corpo de Dandara, mas, bem antes disso, a sua existência social e política, remete-nos à percepção da exclusão enquanto uma das muitas dimensões de violências que atravessam as realidades de mulheres transexuais e travestis que "constitui uma parcela da nossa sociedade que é constante alvo das mais diversas modalidades de violências" (PASSOS, 2014, p. 60). Nesse sentido, ao pensarmos nos processos de exclusão e invisibilidades de mulheres transexuais e travestis, caminhamos sob a seguinte apreensão: "A exclusão dos outsiders transgêneros é uma forma dos estabelecidos preservarem sua identidade de gênero binária, mantendo assim o status quo cisgênero-heteronormativo" (LANZ, 2014, p. 60).

Nesse movimento, é imprescindível pensar as invisibilidades enquanto fenômenos múltiplos de violência que, ao se adensarem nas vidas de mulheres transexuais e travestis, sob os regimes de normalização da matriz sexo-gênero, acabam por evidenciar o domínio da identidade de gênero "dominante" em que, a qualquer sinal de "desvio", inicia-se uma verdadeira "caça às bruxas". Há fissuras na norma, ao Estado. Mulheres transexuais e travestis correm descalças entre as florestas, grandes e imponentes sob os olhares de vigilantes, atentos, que em nome de "deus" buscam higienizar a sociedade, libertando-a do mal, do opressor, do *queer*.

A partir de 1980, a saúde é marcada sob uma reformulação que evidencia a democratização do acesso das populações aos serviços prestados. A 8ª Conferência Nacional de Saúde, ocorrida entre os dias 17 e 21 de março de 1986, foi um marco para a definição do SUS, a qual contou com mais de quatro mil participantes, divididos em 135 grupos de trabalho. Nesse importante espaço de organização política, foram debatidos três temas centrais: "A saúde como dever do Estado e direito do cidadão", "A reformulação do Sistema Nacional de Saúde" e "O financiamento setorial". O evento foi responsável por debater o futuro da saúde frente à promulgação da nova constituinte. Nesse sentido, Mota *et al.* (2009, p. 95) discorrem que a saúde "deixou de ser interesse apenas dos técnicos para assumir uma dimensão política, estando estritamente vinculada à democracia". Levando em conta o sentido de democracia, evidenciamos o Preâmbulo da Constituição da República Federativa do Brasil, que diz

> Nós, representantes do povo brasileiro, reunidos em Assembleia Nacional Constituinte para instituir um Estado democrático, destinado a assegurar o **exercício dos direitos sociais e individuais, a liberdade, a segurança, o bem-estar, o desenvolvimento, a igualdade e a justiça** como valores supremos de uma sociedade fraterna, pluralista e sem preconceitos [...]. (BRASIL, 1988, s/p, grifo nosso).

Há que considerarmos outra realidade que faz com que mulheres transexuais e travestis, talvez, não estejam acessando democraticamente a política de saúde e, quando acessam, invisibilidades passam a integrar todo o processo de cuidado, desde o atendimento inicial a alguma demanda até as relações sociais que são estabelecidas entre as profissionais de saúde e essas mulheres enquanto população usuária. Algumas questões atravessam nossa escrita, remetendo-nos a refletirmos sob uma realidade que por vezes é invisibilizada. Mulheres transexuais e travestis possuem de fato liberdade para acessar ações e serviços em saúde sem o risco de serem violentadas? A igualdade no atendimento em saúde de mulheres transexuais e travestis é igualmente real ao atendimento de mulheres cisgêneras? É possível dizer que existe um bem-estar de mulheres transexuais e travestis no SUS, quando há evidências de casos diários de violências e silenciamentos nos equipamentos que integram tal política?

A sociedade civil possui um dos mais importantes papeis na luta por uma política de saúde que de fato seja acessada por todas as populações usuárias. Frente ao processo de trabalho das assistentes sociais, a questão da saúde e as invisibilidades de mulheres transexuais e travestis devem ser compreendidas também enquanto uma expressão da "questão social" que, segundo Mota *et al.* (2009, p. 177), "expressa desigualdades econômicas, políticas e culturais das classes sociais, mediadas por disparidades nas relações de gênero [...]". Dado o enfoque, a "questão social" atravessa intrinsicamente as relações de mulheres transexuais e travestis no âmbito do SUS.

Desse deslocamento, consideramos perceber o processo de invisibilidades nas vidas de mulheres transexuais e travestis concebendo a legislação entre duas vias — a legal e a real e a saúde pública no Brasil enquanto espaços que cruzam as vidas de mulheres transexuais e travestis e podem construir duas searas: as invisibilidades ou a humanização de suas (re)existências. Quando promovida a invisibilidade, deparamo-nos com "o completo apagamento do corpo e dos rastros de existências desviantes e insurgentes" (CAVICHIOLI, 2021, p. 36). O acesso de mulheres transexuais e travestis a política de saúde passa a interagir apenas com as legislações que inclusive não foram formuladas por essas mulheres. A realidade, por vezes dura, mostra-nos contextos de silenciamentos e, consequentemente, desumanização das experiências de vidas de mulheres transexuais e travestis no SUS.

No contexto do Serviço Social brasileiro, inserido no âmbito do SUS, a partir do desenvolvimento de suas atribuições e da participação coletiva na equipe multidisciplinar, encontramos desafios postos à contemporaneidade da profissão, fazendo-nos pensar por um olhar *queer*, processos sociais que são estabelecidos e a possibilidade de se construir caminhos, redes de saberes à humanização de mulheres transexuais e travestis sob o SUS. As lutas e problemáticas evidenciadas ao longo dos anos entre as classes populares e os setores sociais do Estado que culminaram a criação do SUS a partir da Lei 8080/1990 evidenciam o poder popular frente aos interesses que passam a ser evidenciados como parte constituinte da vida humana.

Do ponto de vista sociocultural e político, "a Teoria *Queer* tem contribuído para questionar padrões entanques de identidades, contribuindo para a aquisição de direitos e redução de desigualdades" (CIASCA; POUGET, 2021, p. 18). Não é uma tarefa fácil, visto que, na saúde pública, prevalece ainda um grande teor do binarismo de gênero que tem caracterizado mulheres transexuais e travestis na saúde por vias de aspectos biologizantes e que, por vezes, não considera o gênero dessas mulheres como uma construção social dada historicamente, a partir de suas próprias experiências.

Partindo da premissa que a população de mulheres transexuais e travestis incorpora parte da população SUS-dependente para o acesso às ações e aos serviços relacionados à política de saúde, e o Serviço Social constitui-se como uma categoria atuante frente à defesa intransigente dos Direitos Humanos, na promoção e defesa pela vida, devendo destituir-se de toda e qualquer forma de violência e exclusão — sistema de invisibilidades, vimos nesta sessão uma possibilidade de conceber a realidade de mulheres transexuais e travestis frente a legislação vigente no âmbito do SUS e identificar expressões de violências.

Inicialmente, consideramos importante situar você, leitora, sobre o contexto histórico de mulheres transexuais e travestis. Decidimos partir dos anos 1970, visto que questões se aprofundaram com os estudos gays e lésbicos, encontrando avanço frente à proliferação da Aids na década de 1980, tida até pouco tempo atrás como a "Peste Gay" e que condenou, no caso das travestis, a sua invisibilidade nos grandes centros urbanos, sendo jogadas nos guetos e na prostituição, quando não, mortas pela polícia com a ideia de "higienização social".

Em seguida, pensou-se em realizar um encontro entre a legislação em saúde voltada para a atenção em saúde de mulheres transexuais e travestis e a realidade fora das leis, que culmina em processos de invisibilidades e violências, indo desde o não reconhecimento e respeito ao nome social, o não respeito ao nome civil de mulheres transexuais e travestis que, mesmo após haverem realizado o processo de retificação nominal, são (des)tratadas diversas vezes pelo pronome de tratamento masculino. A negação do atendimento humanizado em saúde para mulheres transexuais e travestis também é outro atravessamento que fazemos questão de trazer para essa escrita política.

Assim, poderemos formular estratégias para o enfrentamento das expressões de violências contra mulheres transexuais e travestis no âmbito do SUS, que no caso das assistentes sociais "trabalham com as mais diversas expressões da questão social, esclarecendo à população seus direitos sociais e os meios de ter acesso aos mesmos" (MOTA *et al.*, 2009, p. 177). Dessa maneira, pensemos formas outras de conceber a humanização em saúde para além de uma política, mas um compromisso que precisa ser operacionalizado por todas as profissionais envolvidas no processo de cuidado e atenção em saúde de mulheres transexuais e travestis no âmbito do SUS.

2.1 UM BREVE HISTÓRICO[4] DE MULHERES TRANSEXUAIS E TRAVESTIS NO BRASIL

Figura 1 – Primeira travesti não indígena escravizada no Brasil, em 1591

Fonte: Lustosa (2019)

[4] Para um maior aprofundamento, acesse os Marcos Históricos do Movimento LGBTI+ Brasileiro em: https://brunabenevidex.medium.com/marcos-hist%C3%B3ricos-do-movimento-lgbti-brasileiro-ad84dd691f41.

Rainha do Congo. Francisca. Xica Manicongo. Não tão conhecidíssima como a noite de Paris, mas real, que se fez mulher no século XVI, cuja pena para o crime do qual foi acusada (sodomia) era ser queimada viva em praça pública.

Xica Manicongo. PRESENTE!

Manicongo ou *Mwenwkongo* deriva da junção entre "Mwene + Kongo", palavras originárias da língua africana Kikongo, dando o significado literal ao "Senhor do Congo". Visto como um governo descentralizado, o congolês, que outorgava o título de Manicongo, reinava sob um Estado junto aos governadores que eram escolhidos por esse líder e que tinha a economia local dada essencialmente a partir da produção agrária.

Dada a etimologia anterior, trazemos essa mulher, preta, travesti, que por séculos foi silenciada, sequer lembrada — até mesmo por parte do movimento LGBTQQICAAPF2K+ — e que hoje se institui como sinônimo de subversão à ordem. Resistência. Arrancada do Reino do Congo, em 1591, é oficialmente considerada a primeira travesti não indígena da história do Brasil. Apesar dos poucos registros históricos sobre a população que hoje conhecemos como de transexuais e travestis no país, reconhecemos a necessidade de "reiterar o caráter de seleção e reconstrução contínua da memória coletiva" (JESUS, 2019, p. 251), sobretudo para mulheres transexuais e travestis que, historicamente, foram e são cotidianamente invisibilizadas.

Mas, afinal, quem era essa figura ousada e de presença tão marcante em tempos em que a Igreja repelia literalmente aquelas pessoas que não aceitassem seus fundamentos? Segundo Jesus (2019, p. 252),

> Coberta com um pano que prendia com o nó para frente, à moda dos quimbanda de sua Terra Natal, e apesar de sua condição desumanizada, imposta pelos homens brancos, os candangos, ela andava sobranceira por toda Cidade Baixa, às vezes subindo para a Cidade Alta e voltando, a serviço do seu senhor, ou só passeando, inclusive para encontrar os seus homens. Diz-se que Xica era conhecida por ser muito namoradeira. Mesmo no inferno da escravidão havia frestas, sempre escavadas pela gente negra.

Conforme apresenta Luiz Mott, a partir de estudos sobre a perseguição as sodomitas no Brasil, Xica Manicongo, nossa Rainha do Congo, foi batizada pelos portugueses com o nome de Francisco. Sua presença foi encontrada nos documentos presentes na Torre do Tombo, em Lisboa, Portugal. Lá encontram-se os arquivos da Primeira Visitação da Inquisição no Brasil.

Ao chegar no Brasil, Xica foi vendida a um sapateiro, onde passou a ficar conhecida na então Cidade Baixa[5] pelos seus envolvimentos amorosos e seus muitos namorados. Possuía grande resistência em vestir-se com roupas que a ligassem ao gênero masculino da época, sendo considerada uma cudina.[6]

Afrontosa, Xica insistiu em manter sua aparência de acordo com a identidade que a constituía, ou seja, a feminina. Por conta de sua resistência em seguir as normas locais, Xica foi perseguida e denunciada nos Tribunais do Santo Ofício, por um homem chamado Matias Moreira. Ele era um "[...] cristão-velho que tinha saído de Lisboa, o qual mais de uma vez a interpelou, no meio da rua, para que não usasse mais daquele estilo e passasse a usar 'vestido de homem'" (JESUS, 2019, p. 252).

O estigma identificado nas roupas que Xica Manicongo utilizava reflete ainda hoje nos incontáveis processos de violências que atravessam as vidas e experiências de mulheres transexuais e travestis. Xica é acusada de sodomia — crime gravíssimo contra o Estado e a Igreja. Pelo código penal da época, as Ordenações Manuelinas, a sodomia equiparava-se ao crime de *Lèse-majesté* (Lesa-magestade), ou seja, o crime de traição contra a sua majestade, a rainha.

Em decorrência da pressão social a qual estava ligada e para escapar da morte física, Xica Manicongo passou a vestir-se conforme era imposto aos "homens" da época. Pelo pouco que se sabe, ela passou a viver sob constante vigilância da Igreja. As causas de sua morte são desconhecidas. Xica Manicongo foi silenciada, obrigada a viver sob a clandestinidade para não ser morta fisicamente. Isso não se diferencia de realidades que atravessam as vidas de mulheres transexuais e travestis na contemporaneidade. No jogo de poder, em que mulheres transexuais e travestis são praticamente mortas socialmente, sendo-lhes negado cotidianamente o respeito às suas mulheridades e feminilidades, encontramos singularidades entre essas mulheres e a sua matriarca, Xica Manicongo.

---

[5] Área localizada abaixo da falha geológica da cidade de Salvador no Estado da Bahia.

[6] Nos escritos de Francisco Rodrigues do Prado, o termo cudina refere-se as pessoas cuja vestimenta não era a designada pela norma ao gênero de nascimento.

Trazer em cena a presença histórica e marcante de Xica Manicongo dialoga com um contínuo processo de ressignificação da estória que pouco ou quase nada está escrita nos livros didáticos, fazendo-nos pensar em quais são as narrativas que vigoram atualmente sobre a estória de mulheres transexuais e travestis. Xica Manicongo é tida, portanto, como a primeira marca de ancestralidades para as mulheres transexuais e travestis no Brasil. Xica Manicongo VIVE!

Dado esse breve apanhado, avancemos em nossa escrita. Pensemos agora sobre a sobre a organização civil e política do movimento de mulheres transexuais e travestis no Brasil. Pensemos nos processos de Resistência. Resistência às décadas de violências que se caracterizam como "uma prática que limita e obstaculiza a liberdade e a vida dos indivíduos" (CISNE; SANTOS, 2018, p. 124). Em tempos, onde a luta dessas mulheres está para além do reconhecimento de suas identidades, já que avançamos nos últimos anos e elas são reconhecidas legalmente no gênero feminino; mas para o acesso aos bens e serviços e a operacionalização de direitos sociais, que se desenvolvem a partir da "estratégia de resistência e permanência desses corpos que se recusam a continuar expressando a norma heteronormativa" (SANTOS, 2017, p. 43). Ou seja, a sua organização tem sido direcionada frente à recusa do acesso a direitos, como a saúde, a educação, a segurança, a moradia, a cultura, entre outros, que diuturnamente são negados, fazendo com que as noções de liberdade e justiça não passem de princípios constitucionais sem a real aplicabilidade que merece.

Pensemos, portanto, a partir de um olhar sensível ao passado, às matriarcas que fizeram (re)existência, que outrora abriam os caminhos para que hoje, "vidas trans, tão longamente apagadas, violentadas, assassinadas" (JESUS, 2019, p. 251) possam ocupar lugares de poder antes sequer assinalados a esses corpos ainda violados pelo *cis*tema. Corpos esses que sofreram com a violência policial ocorrida física e estruturalmente mediante a proposta de uma "higienização" durante a ditadura militar[7] (1964-1985), sobretudo com a visita da rainha Elizabeth II ao Brasil, em 1968, quando o objetivo dos militares se aproximava dos objetivos da Santa Inquisição ocorrida na Europa entre os séculos XII e XIX — dizimar qualquer grupo social que,

[7] Para um maior aprofundamento sobre a presença de mulheres transexuais e travestis, recomendamos o acesso Relatório - Tomo I - Parte II - Ditadura e Homossexualidades: Iniciativas da Comissão da Verdade do Estado de São Paulo "Rubens Paiva". Acesso em: http://comissaodaverdade.al.sp.gov.br/relatorio/tomo-i/downloads/I_Tomo_Parte_2_Ditadura-e-Homossexualidades-Iniciativas-da-Comissao-da-Verdade-do-Estado-de-Sao-Paulo-Rubens-Paiva.pdf.

mesmo inofensivo, sua existência era desconfortável para o desenvolvimento da moral e dos bons costumes. Tais costumes era alimentados pelo regime então estabelecia a censura à imprensa, impedimentos no acesso de direitos políticos e perseguição a todos aqueles marcados como opositores ao governo que estava sob o comando dos militares.

No contexto da ditadura militar, com o objetivo de facilitar a comunicação entre as travestis e a sua fuga da polícia, nasce o Pajubá. O dialeto é forjado a partir da fusão entre termos ligados à língua portuguesa e a extrações de termos pertencentes aos grupos étnico-linguísticos nagô e iorubá, chegando no Brasil juntamente com os escravizados oriundos da África Ocidental. O Pajubá é tido pelo Transfeminismo como um dialeto da resolva, impondo-se como anticolonialista.

Dessa forma, a fim de estabelecermos um ponto inicial deste breve histórico de mulheres transexuais e travestis no Brasil, consideramos o período de 1970, quando ocorria uma significativa mudança na paisagem urbana das grandes cidades como São Paulo e Rio de Janeiro e travestis passavam a ocupar as calçadas inseridas na prostituição. De acordo com o historiador norte-americano, James Naylor Green, em seu livro *Além do Carnaval — A homossexualidade masculina no Brasil do século XX*, isso era um "reflexo da crescente comercialização e mercantilização do sexo na sociedade brasileira" (GREEN, 2019, p. 375). Nesse período, o chamado "milagre econômico" — movimento de expressivo crescimento econômico ocorrido entre os anos de 1968 e 1973 durante a ditadura militar ou os chamados "anos de chumbo" — permitiu que a classe média pudesse concentrar parte de seus lucros no pagamento de serviços sexuais.

Em contrapartida, as travestis que não realizassem algum tipo de interferência na aparência para o desenvolvimento de traços femininos, como o crescimento dos seios, ficavam à mercê da chamada "raspa da noite", esperando que algum cliente que, mesmo com pouco dinheiro, pagasse por algum serviço sexual, independentemente da espacialidade em que pudesse ocorrer, fosse no carro do cliente ou até mesmo em locais ermos das cidades. De forma que nessa época pouco se aprofundava a respeito das orientações sexuais e qualquer desvio fora da heterossexualidade era alocado na homossexualidade, os homens que saiam com as travestis eram vistos como "homossexuais" pela sociedade, sendo proibida qualquer manifestação de interação entre o cliente e a travesti. A clandestinidade nas relações estabelecidas atravessara a vida das travestis que eram e ainda são obrigadas a trabalhar a noite nas ruas, em pontos estratégicos das cidades.

A década de 1970 ainda é marcada pelo crescente número de prostíbulos nos grandes centros urbanos. Sob o comando das chamadas "cafetinas", as travestis ocupavam locais públicos em busca da sobrevivência, estando sujeitas a qualquer tipo de violência, inclusive a financeira, quando as "cafetivas" se apossavam de seus lucros quase que em sua totalidade, subalternizando ainda mais o trabalho das travestis. Nesse tempo, a prostituição não lida como um crime, mas a polícia podia prender as travestis por "vadiagem, perturbação da ordem pública ou prática de atos obscenos em público" (GREEN, 2019, p. 414). Com isso, havia um controle sobre os corpos e as experiências que as travestis viessem desenvolver. Ao serem presas, as travestis eram obrigadas a provarem que desenvolviam algum tipo de emprego remunerado, e quando não conseguiam, ficavam presas por até três meses.

Ao passo que as normas de gênero começavam a ser confrontadas, colocando os valores sociais hegemônicos em questionamento, tivemos uma movimentação de estudantes simpatizantes da esquerda que se inseriram no "confronto armado e a atividade revolucionária contra a ditadura militar" (GREEN, 2019, p. 419). Tal fato, ocorrido em 1968, influenciou significativamente na luta política a partir da música, da imprensa e da manifestação corporal. Grandes nomes como Ney Matogrosso e o grupo de teatro Dzi Croquettes contribuem para o que hoje conhecemos como o *queer*. Com o tempo, a orientação sexual, que até então era vista apenas como a heterossexualidade, torna-se o palco de disputa para que fosse evidenciada "a fragilidade do Estado de direito e a naturalização da violência" (CISNE; SANTOS, 2018, p. 128).

A década de 1980 é marcada por fortes evidências de violências físicas e simbólicas que colocaram mulheres transexuais e travestis no centro dessas práticas. Com surgimento da Aids, eram alocadas pela população conservadora ao grupo de homossexuais que carregavam a "Peste Gay". Cabe ressaltar que, nesse período, consolidaram-se os primeiros apontamentos epistêmicos sobre essa população, juntamente aos estudos *gays* e lésbicos, forjando-se a partir daí os estudos *queer*. É justamente nessa nascente que os estudos *queer* começam a mostrar suas primeiras criações no Brasil. Nesse movimento, temos o lançamento do primeiro livro escrito por uma mulher transexual. Ruddy Pinho, comumente conhecida como "A Maravilhosa", apresenta seu pioneirismo literário com a obra *Eu, Ruddy*.

Ainda nessa época, em 1984, tivemos a eleição de Roberta Close, eleita a mulher mais bonita do Brasil. Roberta Close foi pioneira no debate sobre a cirurgia de redesignação sexual no Brasil. Além disso, no mesmo ano ela foi a primeira modelo transexual a posar para a revista *Playboy*, vendendo cerca de 200 mil exemplares. A capa da revista estampava a seguinte mensagem: "Pela primeira vez, o novo corpo de Roberta Close". Sua marca ficou registrada por décadas como o fenômeno que mexeu com o imaginário masculino, fazendo com que debates sobre o rompimento de papeis sociais impostos a sociedade fossem evidenciados.

A década de 1990 é considerada o período em que de fato ocorreu uma organização política para as pessoas transexuais e travestis. Em 15 de maio de 1992, foi fundada no Rio de Janeiro a Associação Nacional de Travestis e Liberados (Astral), com a estratégia de atuar politicamente pelos direitos de pessoas transexuais e travestis. Dada a crescente onda de violências e a precarização no acesso à saúde, destacava-se a importância de um encontro que concentrasse a população de travestis e transexuais, a fim de mapear questões de saúde e segurança pública para a população em questão.

O ano de 1992 marca a eleição de Katia Tapety, a primeira travesti eleita para ocupar um cargo político no Brasil. Katia atuou enquanto vereadora do município de Colônia do Piauí/PI sob três mandatos (1992, 1996 e 2000) ocupando nas três o primeiro lugar. Nesse período, a presença de mulheres transexuais e travestis na política era sorrateira, forjando-se mais firmemente a partir do ano seguinte.

Em 1993, ocorre o I Encontro Nacional de Travestis e Liberados que Atuam na Prevenção da Aids (ENTLAIDS). O evento em questão contou com representantes de diversos setores, mas que em sua maioria eram Gays e Lésbicas. Em 25 de unho de 1995, ocorre no Rio de Janeiro 1ª Parada do Orgulho LGBT. O evento foi organizado pelo então Grupo Arco-Íris em conjunto com o Grupo Atobá e outros grupos que formavam a frente pela luta do movimento.

A partir de 1993, houve várias tentativas para a articulação de uma rede nacional que operacionalizasse a comunicação entre as militantes. Assim, inicialmente, entre os anos de 1995, 1997 e 2000, ocorreu a fundação e organização da Rede Nacional de Travestis (Renata). Discutiu-se a necessidade da retirada do "L" da sigla ENTLAIDS para proporcionar um dinamismo e maior articulação. Após esse processo, houve a mudança do nome para Rede Nacional de Travestis e Liberados (Rentral). No ano 2000, o movimento organizou-se novamente e pautaram a necessidade da reorganização do nome para evidenciar os movimentos que estavam se formando. Assim, frente a um encontro na cidade de Porto Alegre, foi constituída a Articulação Nacional de Transgêneros (Antra). Tempos depois, após muitos debater acerca da carga pejorativa que carregava o termo travesti, a Antra modicou sua nomenclatura para Associação Nacional de Travestis e Transexuais. Somente esse último movimento contou com o registro de pessoa jurídica, em 2000.

O estado de Sergipe é tido como um dos principais estados na organização política de transexuais e travestis no Brasil. Em agosto de 1999, tivemos a fundação da Associação de Travestis Unidas Na Luta Pela Cidadania. Em 30 de novembro de 2001, temos a criação da Associação de Travestis e Transgêneros de Aracaju (Astra), com o objetivo de compor a frente pela defesa dos Direitos Humanos da população GLBT como era conhecida. A Astra é responsável por organizar no ano de 2002 a 1ª Parada GLBT de Sergipe. Em 2014, criou-se a Associação e Movimento Sergipano de Transexuais e Travestis (AMOSERTRANS).

No ano de 2004, tivemos o lançamento do Programa Brasil Sem Homofobia. O programa surge frente às discussões realizadas entre o Governo Federal e setores da sociedade civil voltados à defesa dos Direitos Humanos da população LGBT com a promoção de ações voltadas à equiparação de direitos e ao combate as formas de violências e discriminação em torno da orientação sexual e identidade de gênero das pessoas.

Em 2008, ocorreram no Brasil três grandes movimentos em relação a população de pessoas transexuais e travestis, como a instituição do Processo Transexualizador no SUS, por meio da Portaria n.º 1.707/GM/MS, de 18 de agosto de 2008, e da Portaria n.º 457/SAS/MS, de 19 de agosto de 2008. O Processo Transexualizador surge com o objetivo de garantir no âmbito do SUS, o atendimento integral à saúde de travestis e transexuais, desde o processo de acolhimento, uso do nome social, cirurgia de redesignação sexual, hormônio terapia, entre outros. Todos os procedimentos passaram a ser habilitados em hospitais universitários. Em 2013, ocorre a ampliação do Processo Transexualizador, a partir da Portaria 2.803/2013. Tal movimento se evidencia pela necessidade de adequação aos avanços tecnológicos no âmbito da cirurgia de redesignação sexual. Leva-se em conta também o desenvolvimento com relação aos territórios e à regionalização da saúde e à implementação das Redes de Atenção à Saúde de Travestis e Transexuais.

Em 2009, a política do nome social passa a ser considerado na identificação de transexuais e travestis no âmbito do SUS. A partir da Portaria

1.820, de 13 de agosto de 2009, pessoas transexuais e travestis passaram a acessar mais o SUS. Em 2010, o Conselho Federal e Medicina retira das cirurgias de redesignação sexual o termo "mutilação". No mesmo ano, ocorre a formação do Conselho Nacional de Combate à Discriminação e Promoção dos Direitos de Lésbicas, Gays, Bissexuais, Travestis e Transexuais (CNCD/LGBT).

O ano de 2012 é marcado como o ano em que o Brasil formava a sua primeira travesti com o título de doutora. Luma Nogueira de Andrade produz sua tese de doutorado em Educação pela Universidade Federal do Ceará, intitulada: "Travesti na Escola: Assujeitamento e/ou Resistência a Ordem Normativa". No ano seguinte, em 2013, Luma é empossada como professora efetiva da Universidade da Integração Internacional da Lusofonia Afro-Brasileira (Unilab), no município de Redenção, a 52 km de Fortaleza, no Ceará. Nesse momento, Luma torna-se também a primeira travesti doutora a integrar o quadro de docentes efetivos de uma universidade pública, integrando o Instituto de Humanidades e Letras (IHL) da instituição.

Em 2013, o Ministério da Saúde promove lançamento da Política Nacional de Saúde Integral de Lésbicas, Gays, Bissexuais, Travestis e Transexuais (LGBT). Ministério da Saúde, sendo instituída a partir da Portaria n.º 2.836, de 1º de dezembro de 2011, em conjunto com a Resolução n.º 2, de 6 de dezembro de 2011, que versa sob o Plano Operativo de Saúde Integral LGBT. No mesmo ano, a travesti e presidenta da Antra Keila Simpson, ativista do movimento LGBT com centralidade para as travestis e transexuais desde 1990, recebe da Presidência da República o Prêmio Direitos Humanos.

O ano de 2014 é marcado por processos de mais resistência política para o movimento de mulheres transexuais e travestis, onde ocorreu um aumento das candidaturas na disputa eleitoral, com cerca de 7 candidaturas. Nenhuma das candidatas foi eleita nesse ano. Nesse período, abriu-se a possibilidade para que pessoas transexuais e travestis pudessem requerer o uso do nome social no Enem. No mês de novembro, o Conselho Federal de Psicologia (CFP) iniciou uma campanha nacional em favor da despatologização das identidades transexuais e travestis. Tal processo ocorreu com a contribuição de diversos setores da sociedade civil organizada, a fim de dar ênfase na luta pelos Direitos Humanos da população transexual e travesti. Ainda em 2014, é fundado o Fórum Nacional de Travestis e Transexuais

Negros e Negras (Fonatrans) e ocorre a 1ª Marcha Trans de São Paulo, dentro do IV Encontro Sudeste de travestis e transexuais, e teve como percurso do Museu de Arte de São Paulo (Masp), até a Assembleia Legislativa do Estado de São Paulo (Alesp).

Em 2015, ocorre o lançamento do projeto Transcidadania, que tem como objetivo a reintegração social de pessoas transexuais e travesti, a partir da construção da cidadania dessas pessoas mediante a possibilidade de conclusão do ensino fundamental e ensino médio, além da operacionalização de benefícios em forma de prestação continuada e o acompanhamento psicossocial. No ano de 2016, temos a regulamentação do nome social e o reconhecimento da identidade de gênero de pessoas travestis e transexuais, a partir do Decreto n.º 8727/2016, possibilitando o seu uso no âmbito da administração pública federal direta, autárquica e fundacional.

No ano de 2018, temos um marco histórico importantíssimo, com a autorização do Supremo Tribunal Federal para que pessoas transexuais e travestis pudessem retificar o seu nome e gênero de nascimento em todos os cartórios do país. Nesse ato, a humanização de pessoas transexuais e travestis passa a ficar mais evidente na cena pública. Esse período também é marcado pela expressiva candidatura de mulheres transexuais e travestis para ocuparem o legislativo federal. Ao todo, foram cerca de 50 candidaturas, contando com a eleição de Erica Malunguinho, do Partido Socialismo e Liberdade (Psol), em São Paulo, Erika Hilton, também do Psol, em São Paulo, e Robeyoncé Lima do Psol, em Pernambuco. No âmbito da Universidade Federal de Sergipe, Adriana Lohanna torna-se a primeira mulher transexual mestra em Educação.

Em 2019, ocorre a extinção do Conselho Nacional e Combate à Discriminação e Promoção dos Direitos de Lésbicas, Gays, Bissexuais, Travestis e Transexuais (CNCD/LGBT), pelo então presidente Jair Messias Bolsonaro. Nesse ano, o Supremo Tribunal Federal se mostrou mais uma vez em defesa dos Direitos Humanos, a partir da Ação Direta de Inconstitucionalidade por Omissão (ADO 26), que foi apresentada pelo Partido Popular Socialista (PPS) e outros setores da sociedade organizada que pediram a criminalização da LGBTfobia. Nesse momento, tal processo de violência histórica passa a ser equiparado ao crime de racismo, até que ocorra uma legislação específica por parte do Congresso Nacional. A transexualidade é retirada da Classificação Internacional de Doenças (CID) pela Organização Mundial de Saúde (OMS).

No ano de 2020, ocorre uma redução da idade para a realização de cirurgia e de hormonioterapia, a partir da Resolução CFM n.º 2.265/2019, promovendo a ampliação do acesso da população transexual e travesti em procedimentos de saúde com maior segurança. Nesse ano, ocorre um recorde de candidaturas para ocupar as câmaras municipais. Segundo um mapeamento da Antra em 25 estados, houve 294 candidaturas no Brasil, em que 30 ocorreram a partir de coletivos; dessas, 263 foram de mulheres transexuais e travestis, 19 de homens transexuais e 12 de outras identidades transgêneras. Em Sergipe, tivemos e candidatura da ativista LGBTQIAPN+ Linda Brasil, eleita com 5.773 votos, sendo a primeira mulher transexual eleita vereadora em Aracaju e a mulher mais bem votada na Câmara de Vereadores de Aracaju.

No ano de 2021, a Antra lança o Dossiê de assassinatos e da violência contra travestis e transexuais brasileiras. No documento, o Brasil é apontado como o 1º país no *ranking* de assassinatos de pessoas transexuais e travestis no mundo, seguindo o último relatório do *Trangender Europe* (Tgeu) lançado em 2020. O aumento da violência e os percalços enfrentados por mulheres transexuais e travestis durante a pandemia da Covid-19 também são evidenciados. Essas mulheres computam cerca de 98% dos casos registrados de violência e assassinatos. A Escola de Magistrados da Justiça Federal da 3ª região (EMAG) realizou o curso intitulado: "A Proteção Jurídica às Pessoas Transgêneras". Tal evento contou com o cadastro na Escola Nacional de Formação e Aperfeiçoamento de Magistrados (Enfam).

Não há sentido em debruçarmos sob as experiências de mulheres transexuais e travestis sem considerar suas dores, os percalços e a estória que nos emociona e ao mesmo tempo nos dá a certeza de que mulheres transexuais e travestis estão tomando posse de tudo aquilo que lhes integra enquanto seres humanos. Passos ainda lentos, sistemas ainda excludentes, que flertam com o conservadorismo, mas elas estiveram e estão entre nós. Elas vivem! Consideremos pensar, portanto, na dualidade entre a legislação vigente que recai sob mulheres transexuais e travestis e a realidade dessas mulheres no âmbito do SUS.

2.2 ENTRE O LEGAL: ACESSO DE MULHERES TRANSEXUAIS E TRAVESTIS NO SISTEMA ÚNICO DE SAÚDE

Ao longo dos anos, mulheres transexuais e travestis conquistaram direitos frente à constante luta pela humanização de suas experiências humanas. No âmbito do SUS, leis que propiciam um maior aprofundamento em questões ligadas à saúde de mulheres transexuais e travestis e à compreensão de suas identidades como parte da população SUS-dependente têm propiciado uma verdadeira transformação na cena pública, fazendo com que essas mulheres possam chegar de fato ao acesso de direitos na saúde e a promoção da cidadania.

Pensemos, aqui, sobre o acesso de mulheres transexuais e travestis no SUS sob a ótica da legislação vigente, apontando para você, querida leitora, a possibilidade de refletir sobre o legal e em seguida sobre o real que perpassam as experiências de mulheres transexuais e travestis no âmbito do SUS. Iniciamos com a Constituição da República Federativa do Brasil, que, em seu Art. 1º, II, reflete sobre a dignidade da pessoa humana, constituindo-a como um dos fundamentos para a aplicação do Estado Democrático de Direito. No Art. 3º, VI, constitui-se entre os objetivos fundamentais da República Federativa do Brasil: "promover o bem-estar de todos, sem preconceito de origem, raça, sexo, cor, idade e quaisquer outras formas de discriminação" (BRASIL, 2018, s/p). Nesse final, das outras formas de discriminação, podemos considerar a discriminação ocorrida em decorrência do não respeito a orientação sexual e/ou identidade de gênero de mulheres transexuais e travestis.

Ainda na CF/1988, no Art. 6 (parágrafo único), temos a Saúde inclusa entre os considerados direitos sociais, onde se lê: "São direitos sociais a educação, saúde, a alimentação, o trabalho, a moradia, o transporte, o lazer, a segurança e a previdência social, a proteção à maternidade e à infância, a assistência aos desamparados na forma desta Constituição" (BRASIL, 1988, s/p).

Considerando pensar na competência para a promoção da saúde, o Art. 23 reflete sobre a competência da União, dos Estados, do Distrito Federal e dos municípios. Em seu §2º, diz que entre as competências está "cuidar da saúde e da assistência pública, da proteção e garantia das pessoas portadoras de deficiência" (BRASIL, 1988, s/p). No tocante ao papel dos municípios, no Art. 30 §7º, temos a sua atribuição no sentido de "prestar com a cooperação técnica e financeira da União e dos Estados, serviços de atendimento à saúde da população" (BRASIL, 1988, s/p).

Na Seção II — Da Saúde, em seu Art. 196, reflete que:

> A saúde é um direito de todos e dever do Estado, garantido mediante políticas sociais e econômicas que visem a redução do risco de doença e de outros agravos e ao acesso universal e igualitário à ações e serviços para a sua promoção, proteção e recuperação. (BRASIL, 1988, s/p).

Tais referências pautadas na Constituição Federal de 1988 nos possibilitam firmar os pés no sentido de saber que há um amparo constitucional que abriga todas as pessoas, ou seja, mulheres transexuais e travestis também. Para as mulheres transexuais e travestis que não realizaram ou não desejam realizar a retificação civil de seus nomes (isso não as torna mais ou menos mulheres), é possível usar o nome social em órgãos públicos federais, a partir do Decreto 8.727/2016. Nesse sentido, todos os Hospitais Universitários, por exemplo, devem permitir o tratamento nominal que melhor se identifique às mulheres transexuais e travestis que estão sob a atenção e os cuidados em saúde.

Destacamos a seguir algumas das principais resoluções e leis que recaem sobre a legislação em saúde de mulheres transexuais e travestis.

- Resolução CFM n.º 1.955/2010 — dispõe sobre a cirurgia de redesignação sexual, revogando a Resolução CFM n.º 1.652/02.
- Portaria n.º 2.836, de 01 de dezembro de 2013 — institui no âmbito do SUS a Política Nacional de Saúde Integral de Lésbicas, Gays, Bissexuais, Travestis e Transexuais.
- Portaria n.º 2.803, de 19 de novembro de 2013 — redefine e amplia o Processo Transexualizador no SUS.
- Processo Consulta CFM n.º 32/12 — Parecer CFM n.º 8/13 — dispõe que adolescentes transexuais e travestis realizem a Terapia Hormonal, a partir dos 16 anos, sendo acompanhadas por equipe especializada.
- Resolução n.º 26, de 28 de setembro de 2017 — estabelece estratégias e ações que direcionam a operacionalidade da Política Nacional de Saúde Integral de Lésbicas, Gays, Bissexuais, Travestis e Transexuais no âmbito do SUS, entre os anos de 2017 e 2019.

No âmbito do Serviço Social, o Conselho Federal de Sergipe Social (CFESS) lançou, a partir da Comissão de Ética e Direitos Humanos, uma série de materiais orientadores à prática profissional das assistentes sociais.

Entre os materiais produzidos, destacamos o Caderno 04 — uma edição lançada em 2016 e que cunhava a abordagem sobre a transfobia e tinha como objetivo "[...] orientar e estimular os/as assistentes sociais a uma compreensão crítica das variadas situações de preconceito enfrentadas nos encaminhamentos cotidianos do exercício profissional" (CFESS, 2019, p. 5).

Dado o exposto, notamos que o trabalho das assistentes sociais deve ocorrer em conjunto com as demais categorias profissionais no processo diário de multidisciplinaridade. No âmbito da saúde, evidenciamos novamente o princípio XI presente no CEP, no qual se lê: "XI — Exercício do Serviço Social sem ser discriminado/a, nem discriminar por questões de inserção de classe social, gênero, etnia, religião, nacionalidade, orientação sexual, identidade de gênero, idade e condição física" (BARROCO; TERRA, 2012, p. 131).

O exercício profissional do Serviço Social deve ocorrer em consonância ao CEP, onde, no tocante à saúde, esse trabalho ocorre também sob a Política Nacional de Humanização (PNH). Lançada no ano de 2003, a PNH busca colocar em evidência os princípios do SUS sob o processo de comunicação entre gestoras, trabalhadoras e usuárias, a fim de se estabelecer uma rede de enfrentamento às práticas e às condutas que acabem desumanizando o processo de atenção à saúde da população usuária em todos os seus níveis. Entre os princípios norteadores da PNH, destacamos a:

> Valorização da dimensão subjetiva e social em todas as práticas de atenção e gestão no SUS, fortalecendo o compromisso com os direitos do cidadão, destacando-se o respeito às questões de gênero, etnia, raça, orientação sexual e às populações específicas (índios, quilombolas, ribeirinhos, assentados, etc.). (BRASIL, 2004a, p. 17).

A PNH possui diversos eixos que visam a "institucionalização, difusão desta estratégia e, principalmente, a apropriação de seus resultados pela sociedade" (BRASIL, 2004a, p. 25). Esse processo ocorre em sete frentes de trabalho: nas instituições, na gestão do trabalho, no financiamento, na atenção, na educação permanente, da informação/comunicação, e da gestão da PNH. Dessa forma, encontramos no eixo da atenção à saúde a seguinte preposição: "No eixo da atenção, propõe-se uma política incentivadora do protagonismo dos sujeitos e da ampliação da atenção integral à saúde, promovendo a intersetorialidade" (BRASIL, 2004a, p. 25).

Assim, encontramos na PNH preposições que incluem mulheres transexuais e travestis, visto o alcance do princípio da Universalidade que o SUS propõe. O acolhimento é tido como a primeira diretriz a ser operacionalizada pelos gestores e trabalhadores em saúde. Sobre o acolhimento, podemos refletir que: "Acolher é reconhecer o que o outro traz como legítima e singular necessidade de saúde[...]" (BRASIL, 2014b, p. 7). O processo de acolhimento deve ocorrer em todas as etapas do processo do cuidado multidisciplinar, sendo direcionado sobretudo a partir de uma escuta qualificada que vise por exemplo: a identificação de demandas, a articulação de ideias e a resolução de problemas.

No tocante ao SUS, ele é formado a partir da integração de ações e serviços de saúde para toda a população. Marca uma das maiores conquistas que foram consagradas com a Constituição Federal de 1988 e que evidencia a concepção de saúde em um sentido mais amplo. Na Lei n.º 8.080, de 19 de setembro de 1990, que sistematiza condições para a promoção, proteção e recuperação da saúde, a organização e o funcionamento dos serviços correspondentes, podemos encontrar nas disposições gerais

> Art. 3º. A saúde tem como fatores determinantes e condicionantes, entre outros, a alimentação, a moradia, o saneamento básico, o meio ambiente, o trabalho, a renda, a educação, o transporte, o lazer e o acesso aos bens e serviços essenciais; os níveis de saúde da população expressam a organização social e econômica do País. (BRASIL, 2003, p. 22).

Dado esse breve apanhado, apontamos agora para a realidade no acesso de mulheres transexuais e travestis no SUS. Reafirmamos que os apontamentos aqui não trazem verdades absolutas, mas pistas para se pensar de fato a operacionalização da PNL como um mecanismo de combate às formas de violências e às invisibilidades às mulheres transexuais e travestis enquanto população usuária das ações e serviços em saúde.

2.3 ENTRE O REAL: ACESSO DE MULHERES TRANSEXUAIS E TRAVESTIS NO SISTEMA ÚNICO DE SAÚDE

Ao iniciarmos a discussão anterior com a Constituição Federal de 1988, sob o Art. 1º, II, que reflete sobre a dignidade da pessoa humana, a constituindo como um dos fundamentos para a aplicação do chamado "Estado Democrático de Direito", evidenciamos um questionamento que nos atravessa enquanto pesquisadoras e humanas. Como pensar a dignidade da pessoa humana quando há corpos designados antes mesmo de nascer vistos pelo *cis*tema como não humanas de direitos? Diariamente, mulheres transexuais e travestis são submetidas a processos de transfobia e violência institucional no acesso aos serviços e ações em saúde no âmbito do SUS.

No âmbito do Processo Transexualizador, incluindo todas as suas ações e serviços, por vezes, o processo acaba sendo bastante burocrático e demorado, evidenciando o sofrimento por parte das usuárias que buscam realizar o processo de transição de uma forma segura e longe da clandestinidade que, por décadas, têm prejudicado o alcance da saúde enquanto um direito de todas, culminando em muitos casos de automedicação, ingestão de produtos não reconhecidos para o aumento dos seios e glúteos, e a depender da situação, em casos de automutilação. Apesar da Portaria n.º 2.803/2013 ser bem específica no que concerne à ampliação do Processo Transexualizador no SUS, percebemos que na realidade os percalços enfrentados por mulheres transexuais e travestis ainda são bastante evidentes. O Art. 2º da Portaria n.º 2.803/2013 diz que:

> São diretrizes de assistência ao usuário(a) com demanda para realização do Processo Transexualizador no SUS:
>
> I - integralidade da atenção a transexuais e travestis, não restringindo ou centralizando a meta terapêutica às cirurgias de transgenitalização e demais intervenções somáticas;
> II - Trabalho em equipe interdisciplinar e multiprofissional;
> III - Integração com as ações e serviços em atendimento ao Processo Transexualizador, tendo como porta de entrada a Atenção Básica em saúde, incluindo-se acolhimento e humanização do atendimento livre de discriminação, por meio da sensibilização dos trabalhadores e demais usuários e usuárias da unidade de saúde para o respeito às diferenças e à dignidade humana, em todos os níveis de atenção. (BRASIL, 2013, s/p).

Podemos encontrar, de fato, uma integralidade da atenção a mulheres transexuais e travestis, quando, por diversas vezes, mulheres transexuais e travestis relatam dificuldades encontradas para a atenção de saúde em todos os níveis de suas vidas? A informação correta a respeito da saúde enquanto um direito da população de mulheres transexuais e travestis ainda é muito fragilizada. Em breves conversas com conhecidas, durante eventos ou até mesmo em uma mesa de bar, podemos identificar que algumas delas não enxergam o acesso à saúde para além do processo transexualizador. Daí refletimos sobre como tem se dado, por exemplo, a prevenção do câncer de mama, do câncer de próstata na realidade de mulheres transexuais e travestis, quando não encontramos em nenhum equipamento de saúde, discussões e ações em saúde relacionadas a essas questões que atingem direta e historicamente essa população usuária.

Uma das violências institucionais mais evidentes que podemos encontrar em relatos diários de mulheres transexuais e travestis no âmbito do SUS é o não respeito ao nome social, mesmo ele sendo garantido na Carta de Direitos dos Usuários do SUS, desde 2009. Todavia, dada nossa experiência no âmbito do SUS, podemos perceber que muitos profissionais, por exemplo, sequer recebem algum tipo de treinamento para o atendimento humanizado às mulheres transexuais e travestis. Outras vezes, conseguimos identificar uma resistência no respeito ao nome social de mulheres transexuais e travestis em decorrência de fatores pessoais, sobretudo religiosos conservadores. Desde o respeito ao nome social no prontuário, até no atendimento direto às usuárias, essa é uma realidade que contrasta o SUS.

O acesso ao banheiro continua sendo uma problemática que atravessa as vidas de mulheres transexuais e travestis, sob a ótica transfóbica da cisnormatividade, violando o direito dessas mulheres fazerem o uso do banheiro que melhor se disponha a sua identidade de gênero. Com relação a essa disposição, o Conselho Federal de Serviço Social reflete que, "O acesso a banheiros públicos, por exemplo, tende a ser concebido a partir do sexo genital presumido, e não pela expressão/identidade de gênero" (CFESS, 2014, p. 16).

É importante frisar alguns elementos para uma melhor análise da realidade apresentada. Consideramos pensar que mulheres transexuais e travestis que não alcançam a chamada passabilidade, ou seja, uma construção na vida de mulheres transexuais e travestis que "expõe o desenvolvimento de contornos e traços corporais que, no limite, garantem a possibilidade de uma pessoa ser reconhecida como cisgênera" (PONTES; SILVA, 2017, p. 403), acabam por serem mais atingidas pelas expressões de violências, que podem ocorrer de forma verbal, moral, psicológica, institucional e física, quando essas mulheres são literalmente arrancadas dos banheiros. Assim, apontamos que, alcançada a conferência de "[...] se 'passar por cis', a experiência da passabilidade como horizonte normativo acaba por definir e aplicar valores aos corpos e, por conseguinte, aos próprios sujeitos, explicitando relações de hierarquia" (PONTES; SILVA, 2017, p. 403).

Nesse sentido, cabe interseccionarmos também a experiência de mulheres transexuais e travestis — que ao não vivenciarem a *passabilidade*, seja pelo não acesso ao processo transexualizador, à hormonioterapia ou, ainda, porque não desejam chegar a esse polo de configuração cisgênera; e isso para nós não deslegitima de maneira alguma a livre expressão de suas identidades enquanto mulheres; estão sujeitas, dentro do *cis*tema, a serem expurgadas dos banheiros, e, querida leitora, quando falamos "dos" banheiros é da forma mais literal possível. Se não lhes é permitido o direito de usarem o banheiro feminino, pois para o *cis*tema as suas identidades não correspondem à arquitetura de seus corpos; e, ao mesmo passo, não podem usar o banheiro "masculino" pois, além de não corresponder à construção de suas identidades, há a possibilidades de um aprofundamento das violências, chegando até mesmo ao estupro, questionamos: que banheiro essas mulheres usarão?

Há muitas discussões propagadas pelo *cis*tema que, além de invisibilizarem mais ainda as identidades de mulheres transexuais e travestis, segregam todo um contexto histórico de lutas por sobrevivência, como a criação de um terceiro banheiro para que a população LGBTQQICAAPF2K+ (com recorte específico às pessoas transexuais e travestis) pudesse usar. Nesse sentido, tal proposta se baseia em argumentos inócuos como o fato da presença de mulheres transexuais e travestis no banheiro feminino gerar constrangimento as demais mulheres que utilizarem o espaço; ou ainda a possibilidade de algum homem "se vestir de mulher" para cometer crimes sexuais nas instalações do banheiro feminino. Tal questão já foi palco de discussões e disputas inclusive no Poder Judiciário.

Pensando nas controvérsias por parte das justificativas que o *cis*tema tem dado ao longo dos anos quando a questão sobre o uso do banheiro feminino por mulheres transexuais e travestis se tornou mais uma pauta de resistência para o movimento transexual e travesti, constatamos a não operacionalização de legislações e a não efetivação de direitos, por exemplo, o não cumprimento a Resolução n.º 12, de 16 de janeiro de 2015, do Conselho Nacional de Combate à Discriminação e Promoções dos Direitos de Lésbicas, Gays, Travestis e Transexuais, que apraza condições para que pessoas transexuais e travestis possam usar os espaços sociais, como descritas no Art. 6º que dispõe "Art. 6° Deve ser garantido o uso de **banheiros**, vestiários e demais espaços segregados por gênero, quando houver, de acordo com a identidade de gênero de cada sujeito" (CNCD, 2015, s/p).

Assim, tal atravessamento de violência promovido parte da sociedade, obviamente conservadora, acaba segregando mais ainda as experiências de mulheres transexuais e travestis, além de aprofundar a desumanização de seus corpos. Cabe pontuar que, dada essa realidade posta às mulheres transexuais e travestis, há uma incompatibilidade também com o direito à liberdade e ao bem-estar, ambos presentes no preâmbulo da CF/1988; com o Art. 5º também da CF/1988 quando expressa que "Todos são iguais perante a lei, sem distinção de qualquer natureza [...]" (BRASIL, 1988, s/p) e aqui podemos tencionar a distinção e discriminação por identidade de gênero que tem ocorrido cotidianamente com mulheres transexuais e travestis no uso dos banheiros públicos, podendo incluir também os banheiros no âmbito do SUS.

A patologização das identidades de mulheres transexuais e travestis ocorre em todos os contextos do SUS. Consideramos parte desse processo à insistente permanência da transexualidade na Classificação Internacional de Doenças (CID). O que hoje é chamada de Incongruência de Gênero continua sendo identificada da seguinte maneira:

- CID 10 – F64: transtornos da identidade sexual;
- CID 10 – F64.0: transexualismo;
- CID 10 – F64.1: travestismo bivalente;
- CID 10 – F64.2: transtorno de identidade sexual na infância;
- CID 10 – F64.8: outros transtornos da identidade sexual;
- CID 10 – F64.9: transtorno não especificado da identidade sexual.

A luta diária que mulheres transexuais e travestis enfrentam no âmbito do SUS pode ser voltada a esse processo errôneo em considerar as identidades de gênero fora do *cis*tema como doenças. Daí a necessidade de lutarmos pela despatologização das identidades transexuais e travestis no SUS.

O acolhimento de mulheres transexuais e travestis deve iniciar no que chamamos de Porta de Entrada, ou seja, na Unidade Básica de Saúde (UBS), local onde as mulheres transexuais e travestis devem acessar as ações e serviços em saúde promovidos a toda a população usuária. Nesse ambiente, a capacitação dos profissionais em conceber as particularidades de mulheres transexuais e travestis para a oferta dos serviços de saúde de maneira a humanizar suas práticas desde o início é fundamental. O que acontece é que, por não serem atendidas corretamente, tendo seus nomes e suas identidades de gênero respeitadas, muitas mulheres transexuais e travestis acabam não acessando esse equipamento, ficando comprometido também o monitoramento das ações e serviços prestados, além da invisibilidade dessas experiências que se acentua diariamente.

Quando na CF/1988 temos no Art. 3º, VI, a saúde enquanto um dos objetivos fundamentais para a operacionalização da República Federativa do Brasil, "sem preconceito de origem, raça, sexo, cor, idade e quaisquer outras formas de discriminação" (BRASIL, 2018, s/p), passamos a refletir sobre as incontáveis vezes em que presenciamos ou vimos sendo noticiadas situações vexatórias que mulheres transexuais e travestis estão sujeitadas diariamente. Se ser transexual e acessar o SUS já é fragilizado, imaginemos nos atravessamentos de violências direcionados a mulheres transexuais e travestis pretas, periféricas e de candomblé. Essa reflexão faz-se necessária no sentido de reconhecermos particularidades até mesmo nas violências como o racismo exacerbadamente presente em nossa sociedade.

A saúde está entre os direitos fundamentais previstos pelo Art. 6º da CF/1988. Mas tem sido fundamental a sua aplicabilidade na realidade de mulheres transexuais e travestis que buscam acessar algum nível, desde o baixo, médio e da alta complexidade? Precisamos refletir e encontrar possibilidades para que isso de fato ocorra. É dever do Estado. Está na Constituição. Mas será que o Estado tem promovido de fato a saúde de mulheres transexuais e travestis em todos os seus níveis de atenção de maneira humanizada, sabendo que o sistema é formado por pessoas de diferentes grupos, inclusive religiosos.

No âmbito da aplicabilidade do Processo Consulta CFM n.º 32/12 — Parecer CFM n.º 8/13 — dispõe que adolescentes transexuais e travestis realizem a Terapia Hormonal a partir dos 16 anos, sendo acompanhadas por equipe especializada, é preciso que ocorra uma comunicação frequente e direcionada entre os serviços de saúde e principalmente entre as famílias dessas adolescentes. Quando acolhidas em casa, o processo transexualizador se torna menos difícil, mesmo que ainda burocratizado.

A Política Nacional de Saúde Integral de Lésbicas, Gays, Bissexuais, Travestis e Transexuais no âmbito do SUS é uma excelente ferramenta para o desenvolvimento da humanização em saúde de mulheres transexuais e travestis. Todavia, enquanto política, ela só pode de fato ser operacionalizada em sua totalidade se houver um trabalho conjunto entre todas as envolvidas no alcance da humanização em saúde de mulheres transexuais e travestis como um bem real e um objetivo multidisciplinar de toda a equipe.

Na dinâmica do trabalho das assistentes sociais, é imprescindível que haja uma constante preocupação a respeito do acesso de mulheres transexuais e travestis aos serviços e ações em saúde. Notamos que, por vezes, as profissionais se encontram sem informações atualizadas. Compreendendo que no mundo globalizado, o acesso à informação correta, pontual e estratégica que objetive a humanização no âmbito do SUS é fundamental para a aplicabilidade do CEP, é esperado do Serviço Social um compromisso de fato com mulheres transexuais e travestis, também, na elaboração e coordenação de políticas sociais, além do alcance à Política Nacional de Humanização a partir do trabalho multidisciplinar em saúde.

Ao considerarmos o princípio XI do CEP, há de se reconhecer a dinâmica que as assistentes sociais têm desenvolvido no sentido de compreender as novas dinâmicas postas ao trabalho profissional, ouvi-las e encontrar resolutivas que evidenciem a não discriminação em decorrência da orientação sexual e/ou identidade de gênero de mulheres transexuais e travestis. Além disso, a participação de mulheres transexuais e travestis no Serviço Social, seja enquanto profissionais ou usuárias, tem possibilitado uma maior sensibilidade do conjunto CFESS/CRESS em reconhecer possíveis fragilidades ligadas ao norte conservador da categoria e formular estratégias para o seu enfrentamento.

Diariamente, percebemos que a operacionalização da PNH só poderá ocorrer a partir do efetivo trabalho multidisciplinar em concordância com as suas resolutivas. Ao direcionarmos a PNH às mulheres transexuais e travestis, encontramo-nos atravessadas por alguns questionamentos que operam diretamente na humanização para uma população que por diversas vezes é desumanizada no acesso aos serviços e ações em saúde. Não há como pensarmos na PNH para mulheres transexuais e travestis sem antes fomentar a crítica aos regimes de normalização na saúde que patologizam essas identidades e, por vezes, invisibilizam, excluem e impedem o protagonismo dessas mulheres na atenção em saúde no âmbito do SUS.

Dessa maneira, o acolhimento se mostra por vezes dificultoso com a não compreensão de apreensões básicas para a realidade em saúde de mulheres transexuais e travestis, como o respeito ao nome social, já evidenciado; o tratamento pronominal no feminino, a garantia de que mulheres transexuais e travestis que vivem com HIV serão atendidas sem o estigma que a condição carrega ainda nos dias de hoje. Essas são apenas algumas das observações que desenvolvemos ao longo de nosso envolvimento enquanto profissionais da saúde. São, de fato, pistas para que o Serviço Social possa propor intervenções de cunho educativo em conjunto com a equipe multidisciplinar frente aos desafios para a aplicabilidade da humanização em saúde de mulheres transexuais e travestis.

MULHERES TRANSEXUAIS E TRAVESTIS NO SERVIÇO SOCIAL: A EMERGÊNCIA DE SE PENSAR O *QUEER*

SEÇÃO 3

A proximidade que concedemos um ao outro nesse momento não foi solicitada ou exigida, nem sequer comunicada ou organizada, o sentido de importância dado ao nascimento é o que nos mantêm aqui.

(Stella Carvalho)[8]

[8] Stella Carvalho é natural de Itabuna, interior da Bahia, mas em Sergipe findou morada e fez palavras-vida. Estudante de Letras Português e Inglês na Universidade Federal de Sergipe, é poeta, *slammaster* e coprodutora do Slam Mulungu, além de autora do recente *A Mantenedora do Ritual*, uma plaquete independente que figura entre as (im)possibilidades da grafia e reutilização da escrita.

O nascimento. Humanizar a existência de um ser, pequeno e desassimilado de que, para além da manutenção dos níveis adequados de líquido amniótico, responsável por manter em ordem a sua vida intrauterina, vários outros fatores, ligados ao que é "adequado" e à "ordem", disciplinando e controlando seu corpo e sua experiência, antes sequer de tornar-se objetivamente humana, corroboram a ideia de que "antes de nascer o corpo já está inserido em um campo discursivo" (BENTO, 2008, p. 36).

O discurso. Esse tem sido uma problemática posta ao Serviço Social na contemporaneidade, em que agudizamos "a emergência de novos sujeitos históricos que passam a demandar direitos e também a influenciar na produção do conhecimento" (MISKOLCI, 2020, p. 13). Uma realidade nua, crua e que foge de determinismos, unicamente biológicos, ainda presentes e válidos para o *cis*tema[9] que dirige a sociedade ocidental, tanto no âmbito público, quanto no âmbito privado.

São sanções que regulam todo o contexto que nos traduzem como sujeitas politizadas e autônomas — as práticas discursivas, as práticas sociais, as práticas socioassistenciais, logo, a própria liberdade. E isso, cara leitora, tem nos acompanhados por um longo período, até que de fato ocorra o despertar, em que há vida e as asas, enfim, possam ser abertas. Assumimos um compromisso à luz das dimensões, sugeridas por Iamamoto (2000), como fundamentais para analisarmos os desafios postos ao Serviço Social na contemporaneidade — dimensão ético-política, teórico-metodológica e técnico-operativa, que norteiam o trabalho da assistente social e que, consequentemente, dão vazão às práticas que constituem o bojo de direitos da profissional, dentre eles, a "[...] i) liberdade na realização de seus estudos e pesquisas, resguardados os direitos de participação de indivíduos ou grupos envolvidos em seus trabalhos" (BARROCO; TERRA, 2012, p. 154).

Aqui, direcionamos a nossa escrita, ousada e política, em dinâmicas que perpassam as tantas realidades de mulheres transexuais e travestis no/para o Serviço Social, desde o primeiro encontro com as referências de um fazer profissional voltado à compreensão da realidade social, a partir dos processos de trabalho e atribuições que são inferidas à profissão. O projeto ético-político do Serviço Social se apresenta indissociável de seus princípios fundamentais. Ao longo de nossa pesquisa, criaremos pontes com um aprofundamento em dois dos 11 (onze) princípios. São eles,

---

[9] Utilizamos o prefixo *cis-* para demarcar a constituição de um sistema cisgênero, branco, heterossexual, eurocêntrico e com fortes resquícios de processos escravocratas.

> II – Defesa intransigente dos direitos humanos e recusa do arbítrio e do autoritarismo;
>
> XI – Exercício do Serviço Social sem ser discriminado/a, nem discriminar por questões de inserção de classe social, gênero, etnia, religião, nacionalidade, orientação sexual, identidade de gênero, idade e condição física. (BARROCO; TERRA, 2012, p. 124-131).

Tais preposições integram um conjunto filosófico que norteiam o fazer profissional, desde a formação acadêmica à prática profissional nos diferentes espaços sócio-ocupacionais, representando uma estrutura ideológica sob a qual se instrumentaliza o Código de Ética da assistente social. São esses princípios que permitem a manutenção dos alicerces que instauram a promoção de uma categoria ligada às realidades sociais e que se posiciona a favor dos direitos sociais e políticos de todas as populações usuárias.

Aqui, somos todas viajantes pós-modernas, "nesse processo, o viajante vai formando sua consciência, sensibilidade e caráter" (LOURO, 2021, p. 12). Uma consciência diária que emerge desde a nossa entrada na graduação em Serviço Social da Universidade Federal de Sergipe. São percepções, travessias, fronteiras e margens que, dia após dia, têm nos provocado a ultrapassarmos os limites de tudo que lemos, fazemos e pensamos em fazer, quando, após formados e licenciados, atuaremos no enfrentamento das expressões mais sólidas de violências, silenciamentos e recusas de direitos. Nossos corpos queimam, desejam entender as complexidades que estão postas à categoria e que por vezes não são discutidas, ou, quando são, de maneira pouco aprofundada.

Ousemos sentir o pulsar de uma potência contemporânea. Viva, porém por vezes silenciada. O silêncio das abjeções. Para a filósofa, escritora, crítica literária, psicanalista e feminista búlgaro-francesa Julia Kristeva, em seu livro *Powers of horror* (1982, p. 14, tradução nossa)[10] o abjeto "é um rejeitado do qual não dá para se separar, do qual não dá para se proteger como se faria com um objeto". Ainda, segundo a autora, ao abordar a abjeção, podemos perceber o abjeto como aquele que "está fora, além do conjunto, e não parece concordar com as regras do jogo deste último" (KRISTEVA, 1982, p. 2, tradução nossa)[11]. Quais regras? Apostamos nas dimensões binárias

[10] No original: "is a reject from which you cannot separate, from which you cannot protect yourself as you would na object".

[11] No original: "It lies outside, beyond the set, and does not seem to agree to the latter's rules of the game".

que gerenciam corpos, gêneros, sexualidades, corporalidades, identidades e territórios, sem considerar as mais profundas transformações e possibilidades do alcance de suas pluralidades. Recusamos, desde já, "a concepção homogênea universal de mulher" (NASCIMENTO, 2021, p. 17).

Há mulheridades[12] pretas, mulheridades periféricas, mulheridades em situação de rua, mulheridades gordas, mulheridades com deficiências, mulheridades vivendo com HIV, mulheridades vivendo com câncer, mulheridades com pênis, mulheridades sem pênis, mulheridades quilombolas, mulheridades ribeirinhas, mulheridades indígenas, mulheridades do campo, mulheridades das marés, mulheridades putas, mulheridades santas, mulheridades do axé, mulheridades do amém, mulheridades do bem. Que todas e quaisquer noções de mulheridades sejam livres e possam beber da fonte que emana desse local ainda esteiro para o Serviço Social, que, olhando adiante, faz-se possível enxergar a imensidão do mar.

Dito isso, aqui não trazemos a diversidade, mas evidenciamos, em concordância com as contribuições da teoria *queer*, chamada também de "nova política de gênero" (MISKOLCI, 2020, p. 27), uma luta política pela crítica aos chamados regimes de normalização, que regulam as relações sociais, disciplinando espaços, corpos e escritas, de sujeitas que deveriam existir segundo o direito à vida, à liberdade e, que por vezes, acabam mortas, mesmo que haja atividade cerebral e os demais sinais vitais estejam dentro do considerável normal para aquelas consideradas "anormais", "estranhas", não passíveis de vida, não passíveis de luto. Abjetas. Tal movimentação emerge com a crítica à ordem sexual contemporânea na década de 1960, em que os chamados "novos" movimentos sociais, sendo os três mais evidentes, o "[...] movimento pelos direitos civis da população negra no Sul dos Estados Unidos, o movimento feminista da chamada segunda onda e o então chamado movimento homossexual" (MISKOLCI, 2020, p. 21).

Esses movimentos são responsáveis por trazer à cena contemporânea percepções e análises para além da divisão econômica, apresentada anos antes pelo então movimento operário da classe trabalhadora. Segundo Miskolci (2020), "Eles são chamados de novos movimentos sociais porque teriam surgido depois do conhecido movimento operário ou trabalhador, e porque trouxeram ao espaço público demandas que iam além das de redistribuição econômica" (MISKOLCI, 2020, p. 21).

[12] O termo "Mulheridades" é abarcado pela Prof.ª Letícia Nascimento em seu livro *Transfeminismo* como parte da coletânea Feminismos Plurais, coordenado pela feminista negra e escritora Djamila Ribeiro.

Nesse sentido, tais movimentos articulam-se com questões históricas, como as identidades transgêneras, hoje, reconhecidas por parte da sociedade, mas ainda bastante subalternizadas; e conforme aponta a socióloga brasileira, Berenice Bento (2008) é caracterizada pela transgressão da norma binária de gênero. Cabe ressaltar que, ainda segundo a autora, "há um heteroterrorismo a cada enunciado que incentiva ou inibe comportamentos, a cada insulto ou piada [...]" (BENTO, 2008, p. 40). Logo, sabemos que somos observadas, desde o provocar de questionamentos que emergem do inconformismo com o regime de normalização, desde a nossa própria existência enquanto sujeitas desviantes à norma, até a produção do conhecimento e do saber. Reconhecemos, portanto, a inimaginável contribuição do movimento feminista que já atuava desde o século XIX com a defesa pela educação de mulheres, depois pelo direito ao trabalho e ao voto.

Concordamos com a suspensão da psicóloga e professora, doutora em Psicologia Social, do Trabalho e das Organizações, Jaqueline Gomes de Jesus, fissurando a lógica da matriz binária do sexo e gênero ao reconhecer mulheres com pênis (portanto um pênis de mulher) ou homens com vagina (portanto tendo uma vagina de homem). Esse, cara leitora, é o nosso primeiro lugar de encontro que devemos ocupar enquanto estudantes, profissionais e humanas — abrindo mão e se possível for lançando ao fogo todo achismo, pré-conceitos e binômios. Nesse sentido,

> Conhecer histórias de vida de pessoas que constroem o gênero em uma intensa negociação com as normas e são reiteradamente excluídas, produz um deslocamento. A produção científica vem acompanhada do engajamento político. Os/as pesquisadores se transformam em transexuais e travestis políticas/os. (BENTO, 2011, p. 86).

Assim, justificamos tal empreitada, sorrateira e, por vezes, solitária no Serviço Social frente aos estudos de gênero, que "mesmo sendo uma profissão substancialmente constituída por mulheres e que também atende mulheres, a abordagem esteve por muito tempo invisibilizada" (OLIVEIRA; LISBOA, 2017, p. 4). As vias que nos atravessam pelo machismo estrutural e epistêmico são, de fato, refletidas sob a profissão e o seu desenvolvimento. Com isso, partimos em busca de compreender tal fenômeno para responder ao nosso primeiro questionamento: quais tendências teóricas e percepções têm sido evidenciadas na apreensão do "universo trans" no Serviço Social?

Buscamos um direcionamento nos estudos *queer*, como uma experiência que seguirá o norte de um desmoronamento, onde, com todo respeito e ética, preceitos fundamentais à produção do conhecimento científico deverão ocorrer, para que, assim, possamos emergir com o reconhecimento da emergência de pensar e, para além disso, promover o *queer* para o Serviço Social. Assim, parafraseando Stella Carvalho (2021), o questionamento das demandas postas ao Serviço Social nos mantém aqui. Somos Bruxas no/para o Serviço Social brasileiro. Enquanto desigualdades existirem, o ritual jamais terá fim.

Dito isso, temos por objetivo nesta sessão investigar como mulheres transexuais e travestis estão sendo (re)produzidas pelo Serviço Social, a partir das contribuições da perspectiva pós-estruturalista dos estudos de gênero. Compactuamos com Moisés Santos de Menezes, em seu livro: *Os Não Recomendados: A Violência Contra a População LGBT em Sergipe* (2018), ao evidenciar que um dos enfrentamentos para que a sua pesquisa se tornasse referência para o campo do Serviço Social, dar-se-á, sobretudo, por "não haver nada escrito com direcionamento e recorte singular da referida pesquisa" (MENEZES, 2018, p. 41). Assim, buscamos alcançar o objetivo sinalizado anteriormente, realizando uma breve apresentação do movimento *queer* ao campo e, em seguida, um levantamento dos artigos completos publicados no Congresso Brasileiro de Assistentes Sociais entre os anos de 2016 e 2019. Além disso, refletimos sobre a referência criada pela assistente social e professora Adriana Lohanna dos Santos sobre os "10%" (o pênis) que atravessa a vida de mulheres transexuais e travestis durante todo o seu percurso, reinserindo suas identidades às impostas após os seus "nascimentos".

Assim, podemos formular as alianças necessárias para concebermos uma categoria verdadeiramente ligada à realidade concreta das usuárias, entendendo que, a partir do norte teórico-metodológico que recorremos, descobrimos "possibilidades de contextualizar, analisar, problematizar, modificar verdades singulares e contextuais" (TEDESCHI; PAVAN, 2017, p. 773). Trazemos pistas para se materializar a pluralidade, apostando que diferentes aspectos das violências diárias entrelaçam os nossos caminhos, fazendo-nos reconhecer a importância de se pensar, construir e instrumentalizar o campo do Serviço Social como um espaço que não caia na reprodução de violências e silenciamentos, desproporcional para a revolução do campo de pesquisa e da própria profissão antes, na criação e planejamento de ações e políticas públicas; e depois, na sua execução da atenção integral à saúde de mulheres transexuais e travestis enquanto usuárias do SUS.

3.1 O *QUEER* É ISSO? POSSIBILIDADES DE AFETOS E ENCONTROS PARA/COM O SERVIÇO SOCIAL

No jogo de linguagem, somos constituídas de acordo com os atravessamentos que perpassam nossas vidas, podendo causar confrontos ao sermos questionadas por nós mesmas, enquanto críticas daquilo que nos institui enquanto sujeitas pensantes, logo, buscando uma prática política que nos evolua, transcenda e que nos permita encontrar respostas sob tudo aquilo que passa a emergir ao longo do processo formativo como um todo. Ao passo que avançamos em um profundo e necessário mergulho no Serviço Social, encontramo-nos por vezes sob inquietações, questionando ausências, carências e fraquezas, sobretudo nos estudos de gênero, ao nos darmos conta de que particularidades e singularidades que poderiam ser articuladas na pesquisa em Serviço Social, por vezes se mostram às "escondidas" sob o silêncio epistemológico da profissão.

Ao passo que avançamos na história, percebemos que ela se reconstitui, a partir do lócus social que ocupamos. Com isso, não é possível significar o *queer* a uma só maneira, pois sua origem é multissituada, não sendo exercida apenas em um local ou continente, mas em todo o globo. Conforme nos indica Richard Miskolci (2020), há um aglomerado de autoras e autores que contribuíram para o que hoje entendemos como o *queer*, mas, sem nenhuma dúvida, ele não é norte-americano como erroneamente muitos trabalhos e escritas que tentam escrever o *queer* o acabam situando. Para compreendermos sua localização ou, melhor, sua não localização, precisamos exercitar diariamente o pensamento de que há várias genealogias do pensamento *queer*.

Assim, buscamos aqui promover pistar para a sua adoção enquanto uma prática política, identitária e ainda periférica para algumas áreas do conhecimento. Há de se considerar também um processo constante e político de "estabelecer a comunicação de outras categorias com o gênero enquanto categoria analítica construída histórica e socialmente" (SANTOS, 2012, p. 64). Dessa forma, trazemos uma teoria que possibilite a construção de afetos e encontros no/para o Serviço Social brasileiro, reconhecendo o *queer* antes de tudo como um movimento acadêmico político. Onde encontramos categorias fixas como o binômio homem/pênis e mulher/vagina, "[...] a teoria *queer* empreende uma investigação e uma desconstrução dessas categorias, afirmando a indeterminação e a instabilidade de todas as identidades sexuais 'generificadas'" (SALIH, 2019, p. 20).

Antes de estabelecermos uma comunicação mais direta de pistas à compreensão do *queer*, apresentamos essa primeira noção: a possibilidade de questionar o que "vem" pronto, posto à realidade das mais diversificadas populações e territórios sem que haja sequer a oportunidade do pensar, livre e sem julgamentos predefinidos às relações sociais. Nesse sentido, tal processo de questionamento acaba por derrubar "discursos bioessencialistas que buscam condicionar o gênero aos aspectos anatômicos de diferenciação sexual" (NASCIMENTO, 2021, p. 26). Não há como desenvolvermos essa discussão no Serviço Social ou em qualquer outra categoria sem antes sermos convidadas a deixar de fora todo pré-conceito que definha a humanização do ser social. O processo que por ora apresentamos segue a corrente pós--estruturalista ao se reconhecer enquanto um processo que não encerra, mas está cotidianamente em destituição.

A teoria *queer* tem um duplo efeito: ela vem enriquecer os estudos gays e lésbicos com sua perspectiva feminista que lida com o conceito de gênero e sofistica o feminismo, ampliando seu alcance para além das mulheres cisgêneras[13]. Ou seja, ultrapassando a noção de mulher, que por muito tempo a própria noção do gênero perpassou apenas "à experiência da mulher cis, heterossexual, branca, de classe média, magra, sem deficiências" (NASCIMENTO, 2021, p. 26). Conforme nos apresenta o sociólogo Richard Miskolci, no texto *Teoria Queer e a Sociologia: o desafio de uma analítica da normalização*, os estudos *queer*

> [...] sublinham a centralidade dos mecanismos sociais relacionados à operação do binarismo hetero/homossexual para a organização da vida social contemporânea, dando mais atenção crítica a uma política do conhecimento e da diferença. (MISKOLCI, 2009, p. 154).

Neste sentido, se faz necessário um retorno à memória. Considerando as primeiras pistas, "o termo "teoria *queer*" foi cunhado por Tereza de Lauretis, em 1991, como um rótulo que buscava o que há em comum em um conjunto muitas vezes disperso e relativamente diverso de pesquisas" (MISKOLCI, 2020, p. 32-33). Com o passar do tempo, as indeterminações passaram a ser evidenciadas e os regimes de normalização confrontados à realidade que se apresenta diariamente na vida e na carne daquelas que se reproduzem, por vezes silenciadas, à margem da sociedade.

---

[13] A cisgeneridade pode ser concebida como o lócus social ocupado, neste exemplo, por mulheres que não passaram pelo processo de autodeterminação do sexo e do gênero, comum às mulheres transexuais e travestis.

A luta aqui é pela ressignificação! Conforme nos orienta o filósofo Rafael Leopoldo, em seu livro *Cartografia do pensamento queer*, que se apresenta como um mapa, dando pistas à compreensão do pensamento *queer* e não como uma via de regra a ser seguida, não devemos entender o *queer* como o nome de um movimento social que possa ser fragmentado, estudado na academia como um corpo dissecado, mas se afirma como "o nome de um lugar, um campo de estudos, uma proliferação e espaços de resistência" (LEOPOLDO, 2020, p. 15). Esse é o foco, essa é a potência — eclodir os espaços de resistências, questionando quaisquer resquícios sob o regime de normalização no/para o Serviço Social.

Desde já, rompemos com a ideia de que as transexualidades e travestilidades estão universalmente sendo discutida ou contempladas na dimensão da classe. Sentimos informar, senhoras, mas ela sequer está universalmente inserida como parte constituinte da classe trabalhadora. Aliás, até está... deslocada à margem das mais de 30 milhões de desempregadas formais que temos atualmente no Brasil ou as 85% de mulheres transexuais e travestis jogadas à prostituição como única fonte de renda, conforme nos aponta os dados da Associação Nacional de Travestis e Transexuais (ANTRA, 2019, s/p).

De todo modo, cabe salientar que nossa aproximação com a teoria *queer*, de fato, proporciona a reflexão do desmonte aos regimes que normalizam e disciplinam o campo do saber, e o pensamento *queer* possui suas especificidades teóricas. São elas: "1) o pensamento lésbico; 2) o pensamento homoerótico gay; 3) o feminismo negro; 4) e o ativismo transfeminista" (LEOPOLDO, 2020, p. 21). Dessa forma, percebemos que o pensamento *queer* não está atrelado apenas à crítica dos regimes de normalização, como também ao próprio reconhecimento de especificidades que eclodem nos movimentos ainda considerados periféricos, como o movimento de mulheres transexuais e travestis, que, por demandarem reflexões ainda pouco aprofundadas no/para o Serviço Social brasileiro, instigam-nos a construir esse espaço enquanto uma possibilidade de escolha para a produção do conhecimento na categoria.

Mas como pensar uma teoria *queer* no Serviço Social? Como desenvolver um pensamento *queer*, uma ação política *queer*? Para responder essas perguntas, voltamos à análise de Benetti (2013) ao nos propor que "[...] para pensar uma Teoria *Queer*, é necessário compreender que sexo, gênero e sexualidade são conceitos diferentes, construídos de maneiras diferentes durante o curso da história, e que sua pluralidade é possível" (BENETTI, 2013, p. 11).

A partir desse deslocamento, compreendemos que o Serviço Social por estar diretamente ligado em seu exercício sem discriminar e sem ser discriminado, conforme reverenciamos anteriormente, em um de seus princípios fundamentais deve receber toda e qualquer contribuição que busque o reconhecimento de dinâmicas, talvez, silenciadas, mesmo que não intencionalmente, pelo contexto hegemônico da profissão, e que, por décadas, manteve-se receoso em entender, por exemplo, que a violência instaurada contra mulheres transexuais e travestis, "acontecem a partir de inúmeros marcadores e/ou condicionantes sociais e culturais" (NASCIMENTO, 2021, p. 33) e que é resultante, sobretudo, do domínio social que à luz de aspectos coloniais, ainda insistentes em manter a "moral" e os "bons costumes" em nome de "deus".

Acaba por não problematizar em sua maioria questões para além da desigualdade na redistribuição de renda, do preconceito visto sob uma macrovisão. Dessa forma, adotamos o pós-estruturalismo enquanto uma potência epistêmica para o Serviço Social e uma possibilidade outra de estranhar o normalizado, pois ele se apresenta como "uma corrente teórica que busca problematizar concepções clássicas de sujeito e identidade" (BENETTI, 2013, p. 18). Ou seja, reconhecer e criticar a existência, talvez, de uma sujeita universal que seja atravessada apenas por aspectos oriundos unicamente da classe econômica e social, sem aprofundar as identidades que inserem essa sujeita em campos de disputa e relações de poder.

Ao longo dos anos, muitos movimentos foram responsáveis por trazer o *queer* à cena contemporânea enquanto um movimento acadêmico e político. Conforme nos instiga a professora Letícia Carolina Pereira do Nascimento, "[...] os diversos olhares feministas passaram a evidenciar que as questões de gênero, raça, etnia, classe, sexualidade, orientação sexual e nacionalidade têm impacto nas opressões vividas por mulheres" (NASCIMENTO, 2021, p. 35).

Assim, não trazemos enquanto sujeitos *queer* uma noção universal e/ou hegemônica de mulher, mas a possibilidade e o reconhecimento de suas imensidões enquanto mulheres que vivem o *queer* produzem e atuam de forma a questionar as relações de poder e suas marcações históricas. Percebemos, aqui, que o *queer* não vem confrontar o Serviço Social lhe impondo regras ou formulações, mas afetos que poderão constituir-se ao longo do trabalho profissional como estratégias ao atendimento dos anseios de mulheres transexuais e travestis enquanto população usuária.

Para pensar é necessário, antes de qualquer coisa, reconhecer. Reconhecer que o projeto profissional do Serviço Social possui pontos estratégicos para a defesa intransigente dos Direitos Humanos, entre eles, a liberdade, mas que por si só não é capaz de fazer com que toda uma categoria esteja ciente e atuante nesse processo. As diferenças existem, resistem. Devemos, enquanto categoria profissional ligada à princípios basilares para a crítica social, reconhecer que os processos de diferenciação emergem justamente como o cerne de tudo que nos torna humanos, sem criar uma dependência única e obsoleta às leis escritas em sua maioria por quem não vive as realidades à margem. Ou seja, não podemos, concordando com Judith Butler, durante a Conferência Magna do I Seminário *Queer* que ocorreu no ano de 2015, no Sesc Vila Mariana, em São Paulo, contar com a lei como instrumento único, definitivo, achando que sanara os problemas sociais, sobretudo estruturais que emergem de toda uma dinâmica histórica e inserida em uma hegemonia latente de desigualdades e precarizações.

Assim, o Serviço Social precisa, sem grandes dificuldades, reconhecer que os processos de diferenciação são exatamente os eixos condutores que nos tornam humanos, passíveis de existências múltiplas, plurais e em constante desmoronamentos, até chegarmos de fato à construção de algo que deverá sempre ser reorganizado, repensado ou até mesmo refeito. Mas e o *queer* é isso? Não sei. Não há uma resposta fixa, visto que o *queer* está em constante movimento, deslocando fronteiras antes pouco pensadas para a pesquisa científica e para a própria prática política cotidiana.

Tentemos, ao menos, continuar recriando, pois o processo é contínuo, como já apontado, pistas para compreendermos a teoria *queer* como uma proposta válida e legítima ao pensamento pós-estruturalista no Serviço Social brasileiro. O ano é 2021. Olhemos para os territórios transgressores, uma cultura inquieta e desestabilizadora. Eis o *queer.* Um movimento em constante questionamento que recebe "aqueles e aquelas que rompem as regras e transgridem os arranjos" (LOURO, 2021, p. 16). Ao passo que a compreendemos como uma prática política, também a reconhecemos como uma vertente de estudos e pesquisas dessa prática, que ultrapassa as fronteiras que, por ser uma zona de policiamento constante, institui-se em formas de transgressão e subversão.

Entre as possibilidades de encontros e afetos entre o *queer* e o Serviço Social brasileiro, a noção de "minorias" encontram-se, pois "estão muito mais visíveis e, consequentemente, torna-se mais explícita e acirrada a luta entre elas e os grupos conservadores" (LOURO, 2021, p. 26). Essas "minorias" traduzem a maioria das experiências silenciadas em nossas dinâmicas, apontando também para o território epistêmico do Serviço Social que ainda possui resquícios de um conservadorismo próprio das sociedades ocidentais. A homossexualidade e o sujeito homossexual são reconhecidos pela categoria no processo de lutas pela garantia de direitos civis e políticos no século XIX. Há, ainda, possíveis confrontos e dificuldades em compreender que os atravessamentos que perpassam a realidade de homens gays são totalmente diferentes dos que integram a vida e luta de mulheres transexuais e travestis.

De forma a compreender melhor esse movimento e os demais que naturalmente irão se mostrar ao longo de nossa escrita, teorizamos que o contexto sócio-histórico que culminou no que hoje percebemos como o *queer* ocorre a partir da contribuição de autores como o filósofo francês Guy Hocquenghem, que escreveu *O desejo homossexual*, considerado um texto terrorista que se impõe à noção heterossexual hegemônica; Gilles Deleuze e Félix Guattari, com o livro *Anti-Oedipus: Capitalism and Shizophrenia*, escrito sob influência das ocorrências de maio de 1962, quando estudantes franceses, insatisfeitos com o sistema educacional, saíram às ruas, mobilizando milhões de pessoas, mostrando-se como essencial aos dias atuais para que aprendamos a viver uma vida não fascista.

Contribuiu também para esse movimento o historiador e sociólogo Jeffrey Weeks que militou pela *Gay Liberation Front*[14], em 1970, e foi fundador do *Gay Left Collective*[15]. Entre suas principais obras está *Sexuality and Its Discontents: Meanings, Myths, and Modern Sexualities*[16] que começa apostando na ascensão da Nova Direita, o enfraquecimento das forças progressistas e uma onda de pânico moral em torno do sexo. Há que se reconhecer também a contribuição do pensamento lésbico radical para o que hoje concebemos como *queer*. Richard Miskolci nos situa que foi o movimento radical lésbico quem concebeu a ideia da heterossexualidade como algo compulsório, sendo esse movimento influenciado pelo feminismo norte-americano de Adrienne Cecile Rich.

De modo geral, o *queer* não poderia existir sem o pós-estruturalismo, sobretudo o francês que nos traz a noção de desconstrução. No Brasil, esse

---

[14] Frente de Libertação Gay. Tradução nossa.

[15] Movimento Gay de Esquerda. Tradução nossa.

[16] Sexualidade e seus descontentamentos: significados, mitos e sexualidades modernas. Tradução nossa.

movimento ocorre a partir de 1970 quando "a homossexualidade também começa a aparecer nas artes, na publicidade e no teatro" (LOURO, 2021, p. 28). Nesse período, artistas consagrados passam a brincar com a performatividade, contribuindo para a libertação sexual defendida nesse período.

Se havia um contorno que incomodava parte da sociedade, sobretudo negros, latinos e jovens, onde Guacira Lopes Louro assinala que "[...] as campanhas políticas estavam marcadas pelos valores brancos e de classe média, e adotavam, sem questionar, ideais convencionais, como o relacionamento comprometido e monogâmico" (LOURO, 2021, p. 32).

De forma que a homossexualidade já era patologizada, sendo em boa parte do mundo criminalizada, desde 1870, e somente em 1973 que ela sai da lista de doenças da Sociedade Americana de Psiquiatria, sendo seu desejo "categorizado e nomeado como desvio da norma, seu destino só poderia ser o segredo ou a segregação — um lugar incômodo para permanecer" (LOURO, 2021, p. 27). Como se já não bastasse a homossexualidade ser vista como uma espécie de loucura até 1973, passa a ser contrastada como uma questão epidemiológica. Entre os anos de 1970 e 1980, ocorre uma emergência dos estudos gays e lésbicos, tanto no Brasil, como no exterior, que de modo mais amplo buscou compreender a existência de outras experiências de sexualidade que não fosse a heterossexual.

Nesse movimento, há uma mudança na percepção da política sexual em que o *queer* passa a compor parte do movimento homossexual, e as noções de casamento, filhos, reprodução de uma família nos contornos heteronormativos passam a ser evidenciadas também por outra parte do movimento, sobretudo para a área acadêmica, por isso reconhecemos o *queer* como um movimento político e acadêmico; que passa a criticar as normas sociais de gênero e de sexualidade, rompendo com a noção de minorias sociais a partir de um grupo calculado para uma problemática que é posta a toda a sociedade e no Serviço Social concebemos como expressões da "questão social".

Com o surgimento da Aids na década de 1980, surge também boa parte da produção *queer*. Cabe reconhecer que os estudos *queer* que temos no presente são colheitas dos estudos desenvolvidos nesse período de epidemia da Aids. As mudanças nas vidas das pessoas foram profundas, perpassando a produção acadêmica, o pensamento político, os então movimentos homossexuais que passaram a sair dos guetos a percepção das dissidências de gênero. O conservadorismo nesse período era muito mais cru do que atualmente, a exemplo da Aids ser categorizada como "um castigo para aqueles que não seguiam a ordem sexual tradicional" (MISKOLCI, 2020, p. 23). Assim, por um período de 16 anos, a Aids foi alocada como a "Peste Gay", instaurando-se um "pânico sexual", a partir de 1981, quando dois em cada cinco casos de pessoas infectadas eram homossexuais. Nesse sentido, a própria identidade homossexual era tida como doença, sendo retirada do Manual de Diagnóstico de Doenças Psiquiátricas apenas em 1973.

Enquanto movimento, o *queer* avança como potência desestabilizadora da norma, a partir de 1993 na Parada do Orgulho Gay de São Francisco, que o carregava como tema com a força dos movimentos constituídos, a partir das identidades consideradas abjetas como o movimento então LGBT, movimento negro e o movimento feminista. No Brasil, as contradições com as normas estabelecidas perpassam movimentos e pessoas que de forma bem marcante "se sentem em contradição com as normas, afinal, há muito mais pessoas em desacordo com as convenções culturais" (MISKOLCI, 2020, p. 26). Ou seja, inconformadas com as regras que ao longo do tempo foram impostas às identidades, exigindo inclusive suas expressões de acordo com o *script* da *cis*heteronormatividade.

Esse período de fato marcou intensas transformações sociais e políticas, inclusive no aprofundamento do conservadorismo, em que "[...] a epidemia permitiu o reforço da norma heterossexual que servira como modelo para patologizar as sexualidades dissidentes desde fins do século XIX" (PELÚCIO; MISKOLCI, 2009, p. 1227).

Há que se reconhecer que, contrário a esse reforço, criaram-se movimentos de solidariedade, fazendo com que

> [...] alianças não necessariamente baseadas na identidade, mas sim num sentimento de afinidade que une tanto os sujeitos atingidos (muitos, certamente não-homossexuais) quanto seus familiares, amigos, amigas, trabalhadores e trabalhadoras da área da saúde, etc. As redes escapam, portanto, dos contornos da comunidade homossexual tal como era definida até então. (LOURO, 2021, p. 33).

Com o avanço das pesquisas, o movimento homossexual passa por tensões internas, necessárias, para o que hoje compreendemos como o *queer*. Tal processo busca também romper com a chamada heteronormatividade que "seria a ordem sexual do presente, na qual todo mundo é criado para ser heterossexual" (MISKOLCI, 2020, p. 15). Ou seja, a permanência em um lócus social em que a pessoa se sinta aceita por seguir um padrão heterossexual de afeto/desejo, seja na estética, na performatividade e até mesmo na similaridade de suas práticas sociais. Esse, portanto, é o primeiro alvo desse grupo de homossexuais que se identificam como *queer*. Nesse sentido, "*Queer* representa claramente a diferença que não quer ser assimilada ou tolerada e, portando, sua forma de ação é muito mais transgressiva e perturbadora" (LOURO, 2021, p. 36).

Conforme avançamos no reconhecimento do *queer* enquanto prática política, podendo e devendo estar presente em todos os meios e frentes, contribuindo significativamente ao avanço da sociedade e à sua descolonização, encontramo-nos com Judith Butler, uma das mais destacadas teóricas *queer* da contemporaneidade. Butler traz conceitos como a *performatividade* e a *precariedade* para destituir corpos e desejos de normas que reiteram a exclusão daquelas que desviam da "norma" e são consideradas "sujeitas abjetas". A teoria *queer* nos convida a produzirmos uma revolução epistemológica. Segundo Tomaz Tadeu da Silva (2004, p. 107),

> O *queer* se torna, assim, uma atitude epistemológica que não se restringe à identidade e ao conhecimento sexuais, mas que se estende para o conhecimento e a identidade de modo geral. Pensar queer significa questionar, problematizar, contestar todas as formas bem-comportadas de conhecimento e de identidade. A epistemologia queer é, nesse sentido, perversa, subversiva, impertinente, irreverente, profana, desrespeitosa.

As atribuições postas ao Serviço Social na contemporaneidade encontram-se diretamente ligadas ao questionamento e à problematização das normas que operam nos regimes de saber-poder. Com o surgimento da teoria *queer* no Brasil no final da década de 1980, os debates sobre a epidemia da Aids foram aprofundados, mas somente a partir de 1990 que tivemos um direcionamento por meio dos Estudos Culturais com "questões étnico-raciais, e sexuais, os Estudos Pós-Coloniais e a Teoria Queer" (MISKOLCI, 2020, p. 39). A partir da ruptura com o conservadorismo, em 1986, a categoria passa a ter um olhar mais atento, devendo, portanto, reconhecer que o princípio XI do Código de Ética Profissional, sob o exercício do Serviço Social deve estar presente também na produção do conhecimento que passa a crescer com o reconhecimento das interseccionalidades. Elegemos o *queer* por justamente contestar a maneira como temos lido o Serviço Social no aprofundamento das dinâmicas que atravessam as realidades de mulheres transexuais e travestis.

Propomos, portanto, a adoção do *queer* como parte integrante do escopo teórico, político e acadêmico que o Serviço Social possui, de forma a questionar os regimes que historicamente normalizam as condutas profissionais e a produção do conhecimento. Encontramos no *queer* possibilidades de "enredos imanentes ao Serviço Social que circunscrevem o processo de formação com as dimensões teórico-metodológicas, técnico-operativas e ético-políticas" (OLIVEIRA, 2020, p. 24). Não queremos a exclusão de qualquer outra teoria presente, mas a possibilidade de se pensar as diferenças pelo diferente, pelo estranho, pelo insulto, pelo *queer.* Tal movimento serve como uma política de "[...] enfrentamento ao preconceito e, portanto, de respeito à diversidade humana e do exercício do Serviço Social sem ser discriminado (a) e discriminar por diferentes questões" (BARROCO; TERRA, 2012, p. 131).

Dessa forma, daremos mais um passo à eliminação de toda forma de violência, inclusive a epistêmica, ao reconhecer o *queer* como "reação e resistência a um novo momento" (MISKOLCI, 2020, p. 24). Tal momento, exprime que particularidades existem e elas precisam ser aprofundadas de acordo com o caminho que melhor responderem às perguntas e às expectativas que naturalmente passam a surgir no interior da categoria profissional com o desenvolvimento das pesquisas científicas. Buscamos trazer um olhar *queer* para o Serviço Social, que tem por compromisso "pensar a pluralidade de suas questões, ressalvas, martírios, lutas, resistências" (LION, 2018, p. 279). Há espaço para enfrentar os regimes de normalização e portamos as chamas necessárias para incendiar o incontestável.

Com isso, damos um arriscado salto para compreender a maneira como o "universo trans" tem sido percebido no maior evento de representação da categoria. O Congresso Brasileiro de Assistentes Sociais.

3.2 "UNIVERSO TRANS" NO CONGRESSO BRASILEIRO DE ASSISTENTES SOCIAIS (2016-2019)

O diferente incomoda. Percebemos ombros inquietos e testas franzindo toda vez que uma mulher transexual ou travesti entra na academia como aluna, rompendo com um ciclo histórico de exclusão. Nos auditórios, a surpresa é inegável por aquelas que não conseguem assimilar a presença dessas mulheres em mesas temáticas e eventos científicos. De longe, é possível avistar as chamas que demarcam o lugar ocupado, hoje possível aos corpos antes negados, dissidentes e identidades ainda pouco (re)conhecidas e discutidas nos movimentos sociais e na produção do conhecimento. Aqui, na produção que emana da categoria, buscamos "repensar a educação a partir das experiências que foram historicamente subalternizadas, até mesmo ignoradas" (MISKOLCI, 2020, p. 17). O momento é de perceber as realidades em que mulheres transexuais e travestis são atravessadas nas diferentes áreas do conhecimento.

O Serviço Social evidencia-se por integrar uma categoria profissional especializada na apreensão da realidade histórica e social e que a partir disso passa a combater as desigualdades sob a luta diária pela justiça social e na defesa da cidadania. Porém, como garantir tal processo à realidade das abjeções, daquela que "é algo pelo que alguém sente horror ou repulsa como se fosse poluidor ou impuro" (MISKOLCI, 2020, p. 44). Ou seja, as "não humanas" que por vezes possuem a humanização de suas corporalidades descentralizada nos processos de trabalho em diferentes espaços sócio-ocupacionais. O que o campo tem produzido na construção do saber sobre transexualidade? As produções respondem à realidade que desumaniza travestis e transexuais nos diferentes espaços e relações sociais? É possível pensarmos em uma solidão epistêmica de mulheres transexuais e travestis no/para o Serviço Social?

Tais questionamentos são necessários para entendermos que ao vincular a profissão apenas à apreensão da classe, ou não aprofundando significativamente as demais categorias por igual teor à análise social, acabamos por negligenciar a realidade social posta as experiências de travestis e transexuais, em que "os corpos que desviam desta norma, são vitimados e tornam-se abjetos" (SANTOS, 2017, p. 46). Assim, criticamos também os regimes de normalização presentes no Serviço Social, seguindo a perspectiva de análise adotada. Evidenciamos que o Código de Ética do/a assistente social é muito bem direcionado ao refletir entre os seus princípios fundamentais o "XI- Exercício do Serviço Social sem ser discriminado/a, nem discriminar por questões de inserção de classe social, gênero, etnia, religião, nacionalidade, orientação sexual, identidade de gênero, idade e condição física" (CFESS, 2012, p. 24).

Na realidade brasileira, em que mulheres transexuais e travestis são colocadas à prova da garantia de seus direitos, encontramos processos de silenciamentos e invisibilidades que atingem toda estrutura social, inclusive a produção do conhecimento dessas identidades. Conforme tensiona o professor Richard Miskolci, "as identidades prescritas são uma forma de disciplinamento social, de controle, de normalização" (MISKOLCI, 2020, p. 18). Dessa forma, é imprescindível que em nossas construções e lutas, realizemos também o processo de interseccionar quaisquer categorias que culminem na construção social das identidades e diferenças, a saber: de classe, de raça, de gênero, de idade, de território, de geração, de geracionalidade, de corporalidades, de identidades, entre outras. Assim, o Serviço Social estará fortemente atrelado ao "compromisso com a qualidade dos serviços prestados à população e com o aprimoramento intelectual" (BARROCO, 2012, p. 130).

O Congresso Brasileiro de Assistentes Sociais (CBAS) é um importante espaço político que evidencia a importância da consolidação teórico-prática e do Projeto Ético Político no interior da categoria profissional. A primeira edição do evento ocorreu no ano de 1947, em São Paulo, sendo promovido pelo Centro de Estudos e Pesquisas (CEAS). Até esse momento, havia fortes indícios do conservadorismo no interior da categoria, promovido pelo pensamento da Igreja Católica influenciando o CEAS, promovendo, assim, objetivos doutrinadores. Segundo Iamamoto e Carvalho (2014, p. 179), o objetivo do CEAS era o de

> [...] promover a formação de seus membros pelo estudo da doutrina social da igreja e fundamentar sua ação nessa formação doutrinária e no conhecimento aprofundado dos problemas sociais, visando tornar mais eficiente a atuação das trabalhadoras sociais e adotar uma orientação definida em relação aos problemas a resolver, favorecendo a coordenação de esforços dispersos nas diferentes atividades e obras de caráter social.

A partir disso, percebemos como de fato a categoria estava sendo desenvolvida, frente à aplicação de suas atividades nos chamados problemas sociais sem o que hoje consideramos as técnicas e habilidades necessárias para o enfretamento das desigualdades. Há que se ressaltar que, nesse mesmo período, desenvolvia-se o primeiro Código de Ética Profissional, estando também vinculado ao caráter conservador da igreja. Antes disso, em 1936, criava-se a primeira Escola de Serviço Social do Brasil, como uma forma de controle das desigualdades e conflitos gerados pelo processo de consolidação do capitalismo. A partir disso,

> [...] inaugura-se sob essas influências a Escola e Serviço Social de São Paulo, que conforme consta do Relatório do Centro de Estudos e Ação Social de 1936 tem como finalidade oferecer

> as organizações de assistência social em geral "um elemento imprescindível: a assistente social tecnicamente preparada". (YASBEK, 1977, p. 39)

Ao resgatarmos a história, podemos entender a importância de se desenvolver espaços importantes como o Congresso Brasileiro de Assistentes Sociais que ao longo dos anos tem percebido a importância de romper com o aspecto conservador que atravessa a categoria profissional, assumindo, assim, uma perspectiva revolucionária no reconhecimento das particularidades que perpassam as populações usuárias. Outros espaços importantes para a apreensão da categoria na contemporaneidade foram essenciais, como o 1º Seminário de Teorização do Serviço Social no Brasil, ocorrido em 1967, na cidade de Araxá/MG. Nesse espaço, novos rumos profissionais foram tomados e expressos no Documento de Araxá com a assinatura de 38 assistentes sociais. Os desdobramentos desse importante marco para o Serviço Social brasileiro influenciaram a realização do 2º Seminário do Serviço Social, intitulado "A Metodologia do Serviço Social" e ocorrido em 1970 na cidade de Teresópolis, no Rio de Janeiro.

A partir do III CBAS, ocorrido entre os dias 23 e 28 de setembro de 1979, em São Paulo considerado o "Congresso da Virada", onde:

> A partir desse evento coletivo, massivo, da categoria, designamos emblematicamente a erupção do projeto de ruptura com o conservadorismo por sua direção social nos anos 1980 e pelo Projeto Ético-Político profissional do Serviço Social brasileiro a partir dos anos 1990. (ABRAMIDES, 2017, p. 186).

Assim, foi possível romper com o fio conservador implicado à categoria profissional e tencionar a luta pela hegemonia no Serviço Social. Tal processo finda-se como um "produto das determinações político-conjunturais de lutas pela democracia e contra o arbítrio e o autoritarismo" (SILVA, 2019, p. 24). A importância do CBAS para o Serviço Social traduz-se no que hoje consideramos como essencial para a reprodução da categoria no exercício profissional e na formação frente as realidades que atravessam a contemporaneidade.

Justificamos, portanto, a escolha do CBAS como um espaço político-acadêmico tomando nota de todo processo histórico ocorrido ao longo dos anos em suas edições, mostrando-se, em cada período, objetivamente ligado às transformações sociais, políticas, econômicas e culturais que porventura possam ocorrer. Assim, reverenciamos a seguir o evento, a partir de suas edições e particularidades.

Quadro 1 – Disposição das edições do Congresso Brasileiro de Assistentes Sociais, seus respectivos temas/núcleos temáticos e a cidade de realização

Ano	Tema/Núcleos Temáticos	Cidade
1947	Serviço Social e Família, Serviço Social de Menores, Educação Popular e Lazeres, Serviço Social Médico, Serviço Social na Indústria e Agricultura e Comércio.	São Paulo/SP
1961	O Desenvolvimento Nacional para o Bem-Estar Social.	Rio de Janeiro/RJ
1979	Serviço Social e política social.	São Paulo/SP
1982	O Serviço Social na realidade brasileira.	Rio de Janeiro/RJ
1985	O Serviço Social nas Relações Sociais: movimentos sociais e alternativas de políticas sociais.	São Paulo/RJ
1989	Congresso Chico Mendes – Serviço Social: as respostas da categoria aos desafios conjunturais.	Natal/RN
1992	O Serviço Social e os desafios da modernidade - os Projetos Sócio-Políticos em confronto na sociedade contemporânea.	São Paulo/SP
1995	O Serviço Social frente ao projeto neoliberal em defesa das políticas e da democracia. "Serviço Social na perspectiva da Seguridade Social. 1.1 Assistência Social pública e privada.1.2 Saúde pública e privada.1.3 Previdência Social pública e privada. 2. Educação, infância e juventude. 3. Serviço Social na esfera das relações de trabalho. 4. Formação Profissional do Assistente Social. 5. O Serviço Social frente às relações de gênero e etnia. 6. Dimensão ética da prática do Assistente Social. 7. O Serviço Social junto à política de Habitação e Saneamento. 8. Movimentos Sociais, urbanos e rurais na atualidade. 9. A prática do Assistente Social junto à população idosa. 10. Desafios teórico-políticos do Serviço Social frente ao neoliberalismo" (FARIA, 2007, p. 120 - 121).	Salvador/BA
1998	Seguridade Social, Assistência e Previdência; Seguridade e Saúde; Família e Sociedade; Educação, Criança e Adolescente; Idoso e Pessoa Portadora de Deficiência; Questão Urbana e Meio Ambiente; e Questão Agrária, Questão Indígena e Meio Ambiente. O segundo sobre: Relações de Trabalho e Serviço Social; Formação profissional; Ética, Política e Direitos Humanos; Etnia e Gênero; e Serviço Social Rumo ao Século XXI. (FARIA, 2007, p. 21).	Goiânia/GO

2001	Democracia e Desigualdade no Brasil; Sujeitos Políticos e Movimentos Sociais no Brasil; Organização Sindical da Categoria; Direitos Humanos, Segurança Pública e Violência; Organização dos Assistentes Sociais na América Latina e Resistência ao Neoliberalismo; Multiculturalismo e Identidade Nacional; Juventude e Projetos Societários no Brasil; Serviço Social e o Poder no Legislativo, Socialismo e Perspectivas para o Brasil; Voluntariado e a Relação Pública x Privada; Questão Social nos Meios de Comunicação; Democracia e Desigualdade na Arte e na Cultura; Serviço Social e o Poder nas Administrações Populares; Alienação, Religiosidade e Serviço Social; Desafios Ético-políticos Profissionais do Serviço Social no Brasil. (FARIA,2007, p. 121 – 122).	Rio de Janeiro/RJ
2004	O Serviço Social e a esfera pública no Brasil: o desafio de construir, afirmar e consolidar direitos.	Fortaleza/CE
2007	A Questão Social na América Latina: ofensiva capitalista, resistência de classe e Serviço Social.	Foz do Iguaçu/PR
2010	Lutas sociais e exercício profissional no contexto da crise do capital: mediações e a consolidação do projeto ético-político do Serviço Social.	Brasília/DF
2013	Impactos da crise do capital nas políticas sociais e no trabalho de assistentes sociais.	Águas de Lindoiá/SP
2016	80 anos do Serviço Social no Brasil – a certeza na frente, a história na mão.	Olinda/PE
2019	40 anos da Virada. Eixos: Trabalho, Questão Social e Serviço Social; Movimentos Sociais e Serviço Social; Serviço Social, Fundamentos, Formação e Trabalho Profissional; Política Social e Serviço Social; Questão Agrária, Urbana, Ambiental e Serviço Social; Ética, Direitos Humanos e Serviço Social; Serviço Social, Relações de Exploração/Opressão de Gênero, Raça/Etnia, Sexual.	Brasília/DF

Fonte: elaborado pelo autor

Dada a exposição das edições do CBAS, conseguimos perceber o avanço nas principais agendas e discussões que implicam diretamente nas dinâmicas sociais, econômicas e políticas da sociedade. Com relação ao aprofundamento do gênero enquanto uma categoria de análise, conforme nos aponta Scott (1995), onde passamos a significar os sentidos e lutamos contra toda e qualquer forma de exclusão, segregação e/ou silenciamento, apontamos ao VII CBAS, de 1995, como o percussor por incitar a produção e publicização do conhecimento no Serviço Social, possibilitando uma análise da categoria a partir de sua interação com as relações de gênero e etnia.

No VIII CBAS, em 1998, tivemos a entrada dos Direitos Humanos integração dos trabalhos apresentados. Com isso, possibilitou-se um olhar mais amplo às demandas que passavam a integrar a realidade profissional de assistentes sociais com a entrada do século XXI. Até esse momento, a presença de mulheres transexuais e travestis era diretamente ligada à luta do então movimento LGBT. Com a virada do século e a virada epistemológica, sobretudo nas áreas de humanas e sociais, passamos a visualizar a população de mulheres transexuais e travestis ocupando espaços sociais ainda esteiros, sendo pensadas na pesquisa científica no Serviço Social fortemente ligada à categoria trabalho e não mais apenas sob um processo higienista vanguarda à epidemia da Aids.

3.3 ANÁLISE DOS ARTIGOS PUBLICADOS NO CONGRESSO BRASILEIRO DE ASSISTENTES SOCIAIS (2016-2019)

Com o XVI CBAS, ocorrido antes da pandemia do coronavírus, em 2019, foi possível estabelecer um diálogo que evidencie as necessidades desta pesquisa. Encontramos um local aberto a receber as "novas" demandas à pesquisa em Serviço Social, agora com uma maior amplitude nos estudos de gênero, dado o avanço das pautas feministas e de raça que intensificam as particularidades e impulsionam a categoria a assumir uma posição não mais de proteção, mas de enfrentamento a toda e qualquer forma de violências e silenciamentos que sejam reproduzidos na sociedade, inclusive no interior na profissão.

As primeiras evidências de tratativas acerca dos processos de transformações no campo dos estudos de gênero ocorrem na primeira metade do século XX, de maneira ainda incipiente e pouco aprofundada. A evidências denotam que, conforme nos aponta a Antropologia, campo inicial dessas preocupações, eram comuns o uso de termos como "inversão" sexual e que, em seguida, passou a ser chamado "inversão" de gênero. A transexualidade, conforme nos aponta a socióloga brasileira Berenice Bento, é marcada como uma "invenção" do século XXI, ocorrida, sobretudo, pela luta histórica das travestis ao longo do século XX, com especial atenção a partir de 1960, quando o movimento feminista impulsiona a discussão de gênero e do então à época "transexualismo"[17]. Tal processo causa grandes transformações e os movimentos populares passam a intensificar a entrada de suas subjetividades em todos os espaços sociais e políticos, formando, assim, trincheiras para que hoje, por exemplo, possamos discorrer como o Serviço Social tematiza o "universo trans" Congresso Brasileiro de Assistentes Sociais.

Ao longo dos mais de 40 anos de CBAS, realizado a cada três anos, evidenciou-se o compromisso do Serviço Social pelo enfrentamento das expressões da "questão social" sob diferentes realidades e estruturas postas ao contexto da população brasileira. Nesse sentido, buscamos considerar a produção realizada no CBAS como uma possibilidade evidenciar esse compromisso e questionar como o campo de pesquisa em Serviço Social tem se debruçado sobre o "universo trans", a partir da produção do conhecimento de artigos apresentados no Congresso Brasileiro de Assistentes Sociais, entre os anos de 2016 e 2019. Pensamos nesse contexto histórico, dada a disposição dos materiais de forma *online*, a partir da articulação do conjunto CFESS-CRESS, a ABEPSS e a Enesso e por entendermos que o "universo trans" está em diferentes frentes na atualidade, constituindo-se como um espaço político necessário ao avanço categoria profissional.

Dito isso, realizamos entre os meses de maio e agosto de 2021 uma busca *online* em torno das edições correspondentes ao CBAS que pudessem subsidiar nossa pesquisa, deparando-nos apenas com a disposição das duas edições anteriormente mencionadas. Consideramos utilizar os descritores: "Travesti" e "Transexual" para chegar ao universo de pesquisa reverenciado. Cabe salientar que a partir do descritor "LGBT" foi possível identificar 3 (três) trabalhos que fazem referência à população "trans" em dado momento, mas sem o aprofundamento considerável para que o trabalho discorra sobre o "universo trans". De acordo com a busca inicial realizada, foi possível identificar o agrupamento de 3.155 trabalhos apresentados.

O Congresso Brasileiro de Assistentes Sociais de 2016, ocorrido em Olinda/PE, e que teve como tema: "80 anos do Serviço Social no Brasil: a certeza na frente, a história na mão", ocorreu frente às comemorações dos 80 anos da existência do Serviço Social no Brasil, a partir da primeira escola de Serviço Social criada, em 1936, situada à Rua Sabará, em São Paulo.

[17] O sufixo -ismo remete a doenças mentais e seu uso era empregado ao "homossexualismo" e "transexualismo". Em 1973, a Associação Americana de Psiquiatria retira o "homossexualismo" do rol de sua lista de distúrbios, e, no Brasil, somente em 1985, o Conselho Federal de Medicina despatologiza a homossexualidade. A transexualidade permanece considerada uma patologia sob o CID 10 – F64, acoplada nos Transtornos da Identidade Sexual.

Segundo informações coletadas no *site* do evento, contou com cerca de 1423 artigos publicados. Dentre as temáticas abordadas, destacamos referências sobre violência de gênero, sobre o histórico do movimento LGBT, sobre a formação e ensino no Serviço Social, e questões centrais que cercam a categoria trabalho, porém apenas 3 (três) artigos, conforme apresentados anteriormente, fazem referência ao "universo trans".

Na edição de 2019, a qual teve como tema "40 anos da Virada do Serviço Social", o CBAS computou, de acordo com o *site*[18] do evento, cerca de 1732 trabalhos apresentados e publicados nos anuais. Destes, apenas 9 (nove) artigos trazem à cena do Serviço Social expressões do "universo trans". Ressaltamos que nosso trabalho, enquanto pesquisadoras dos estudos das diferenças, é o de justamente encontrar as possibilidades de afetos e caminhos para o "universo trans" na pesquisa em Serviço Social, entendendo que:

> Reconhecer diferenças é um primeiro passo para questionar desigualdades, o que pode criar conflito, mas também consenso na necessidade de mudar as relações de poder em benefício daqueles e daquelas que foram historicamente subalternizados. (MISKOLCI, 2020, p. 54).

Dada a perspectiva das diferenças, encaramos o desafio construído enquanto uma possibilidade de se formular diálogos sempre de maneira respeitosa, compreendendo as nossas limitações e ao mesmo tempo ascendendo os incômodos que porventura passaram a surgir frente ao processo formativo em Serviço Social ao longo dos anos. Dessa maneira, encontramo-nos em um universo de 12 (doze) artigos passíveis de análise sob o referido campo de pesquisa.

Assim, destacamos a seguir a produção teórica levantada com sua posterior análise para alcançarmos o objetivo proposto na pesquisa de levantar as percepções do "Universo Trans" na produção do conhecimento no Congresso Brasileiro de Assistentes Sociais (2016-2019). Concordamos com Fraga (2010, p. 41), ao tensionar que "[...] o exercício profissional do assistente social exige uma atitude investigativa constante para que não se torne meramente pragmática, sem intencionalidade e clareza de finalidade".

Aqui, não apontamos erros, nem tampouco verdades absolutas, mas possibilitamos um olhar outro frente às exigências implicadas à contemporaneidade no estudo e (re)produção das diferenças na produção do conhecimento científico e, consequentemente, em nossas práticas diárias de ações políticas.

---

[18] Para maiores informações, favor acessar: http://www.cbas.com.br/portal/conteudo/cbas16.

Quadro 2 – Disposição de artigos do Congresso Brasileiro de Assistentes Sociais (2016-2019), de acordo com ano de publicação, título, autoria(s) e descritores

Ano	Título	Autoria(s)	Descritores
2016	A transexualidade e a travestilidade e o acesso à política de assistência social do Distrito Federal	Helena Godoy Brito	Travesti; Transexual.
2016	Processo Transexualizador no SUS: um campo político e de práticas em construção e o protagonismo do Serviço Social.	Elisa Teruszkin Prestes; Guilherme Silva de Almeida; Marcia Cristina Brasil Santos; Zelia Lima Febrat	Transexual.
2016	Transexualidades e serviço social: relato de experiência de atividades de formação com profissionais e estudantes de serviço social	Heider Victor Cabral De Moura; Henrique Da Costa Silva	Transexual.
2019	Atuação do Conselho Municipal de direitos de Lésbicas, Gays, Bissexuais, Travestis e Transexuais do Município de Fortaleza	Camila da Costa Brasil, Claudiana Silva da Rocha, Cristina Souza Ribeiro, Daniela Veras Camurça, Idelsirlene Costa Barros	Travesti
2019	A empregabilidade formal de Transexuais e Travestis beneficiadas do Programa Transcidadania na Cidade de São Paulo	Ítalo Santos Magalhães	Travesti.
2019	"Da noite para o Dia": o tráfico de pessoas, a exploração sexual e a prostituição para as Travestis e Transexuais	Jessyca Barbosa Duarte; Renata Maria Paiva Da Costa	Travesti.
2019	Notas sobre a Violência contra a População Trans e Travesti nos Serviços Públicos de Saúde no Brasil	Lucas Matheus Da Silveira Santos	Travesti.
2019	O trabalho profissional de uma equipe de assistentes sociais no âmbito do Processo Transexualizador	Márcia Cristina Brasil Santos; Elisa Teruzskin Prestes; Zélia Lima Gebrath	Transexual.
2019	Estudo exploratório sobre a temática da transexualidade no ambiente universitário: reflexões e a intervenção do Serviço Social	Camila Nogueira Chaves Mesquita; Samantha Guedes Clemente Rodrigues	Transexual.

2019	O direito ao nome e a retificação do registro civil da pessoa transexual após a decisão do Supremo Tribunal Federal	Daniel Luiz Pitz; Samantha Guedes Clemente Rodrigues	Transexual.
2019	Reflexões sobre a importância do assistente social no processo transexualizador	Marco José De Oliveira Duarte; Pablo Cardozo Rocon	Transexual.
2019	A dificuldade de Acesso de Usuários(as) do Processo Transexualizador aos Serviços de Hormonioterapia	Fayllane Araujo Almeida; Camilla Moura Santos; Aline Maia Diniz; Jaqueline Dos Santos Aguiar; Yanka Martins Pereira	Transexual.

Fonte: elaborado pelo autor

O artigo "A transexualidade e a travestilidade e o acesso à política de assistência social do Distrito Federal" foi organizado a partir de uma pesquisa de conclusão de curso. A autora apresenta as identidades de gênero como parte estruturante da sociedade, sendo necessário o seu aprofundamento para o alcance de uma inteligibilidade social. No tocante a essa análise nas experiências de mulheres transexuais e travestis, a autora cita que "a identidade de gênero de travestis e transexuais são expressões da diversidade ontológica do homem" (BRITO, 2016, p. 2). Assim, reconhece o mesmo modelo binário que institui o binômio homem(pênis) e mulher (vagina), porém acaba por universalizar a noção de sujeito no homem, comum à cultura ocidental. Apesar de tematizar a transexualidade e a travestilidade, não há menção ao significado de ambas as dimensões presentes na vida de mulheres transexuais e travestis.

Conforme avançamos, percebemos que a autora aponta a hierarquização nas relações sociais de gênero, quando se lê: "A rejeição generalizada da homossexualidade, da transexualidade e da travestilidade, em nossa sociedade, gera uma hierarquia entre as sexualidades e as identidades de gênero" (BRITO, 2016, p. 3).

Historicamente, rejeita-se toda afronta à norma estabelecida. Isso se dá, sobretudo, pelos reflexos de anos alienadas a um único modelo universal de ser social, diga-se de passagem, homem, branco, cisgênero, heterossexual e de classe média. Com relação aos discursos que nos são impostos, ainda são "bioessencialistas que buscam condicionar o gênero aos aspectos anatômicos de diferenciação sexual" (NASCIMENTO, 2021, p. 26). Dessa forma, cabe combater tal processo de maneira diária e pontual às dinâmicas que perpassam o nosso trabalho profissional enquanto profissionais ligadas na defesa do ser social.

A história da Política de Assistência Social no Brasil é brevemente apresentada, até a criação da Lei n.º 8.742/1993 que institui a Lei Orgânica de Assistência Social (Loas) e a criação do Sistema Único de Assistência Social (Suas). A autora dispõe os resultados da pesquisa realizada no Centro de Referência Especializado da Diversidade Sexual, Étnico Racial e Religiosa (Centro de Referência da Diversidade) localizado no Distrito Federal/DF.

Sobre o tipo de pesquisa ocorreu a partir de uma pesquisa de campo, utilizando-se de fontes bibliográficas e documentais, além de questionários como instrumentais que subsidiaram o processo de pesquisa no referido equipamento. As entrevistas foram realizadas com 4 profissionais e 4 usuários. A autora não informa se as profissionais ou usuárias eram mulheres transexuais e/ou travestis. Para a autora, há uma invisibilidade de "travestis e transexuais" na Política de Assistência Social e isso pode ocorrer devido ao processo de violência que "travestis e transexuais" estão inseridas, onde "A existência da transfobia é inegável e, muitas vezes, ela apresenta-se como "transfobia institucional" (BRITO, 2016, p. 8). Dada a evidência, cabe ressaltar que a transfobia institucional pode surgir a partir de diferentes vias e hierarquias nas relações estabelecidas e que [...] "atos isolados de violência emergem quando formas anteriores, invisíveis de violência, se revelaram ineficientes na imposição de normas ou convenções culturais" (MISKOLCI, 2020, p. 35).

Dessa maneira, consideramos o processo de transfobia institucional como um problema que atinge diretamente a vida e o bem-estar de mulheres transexuais e travestis em suas mais plurais atividades desenvolvidas ao longo do tempo. A autora apresenta o Centro de Referência da Diversidade, doravante um serviço especializado de caráter transversal, e é a partir da criação desse equipamento que "travestis e transexuais" passam a acessar a Política de Assistência Social, mediante a realização de encaminhamentos e demanda espontânea. A precariedade e o desemprego são considerados enquanto uma realidade que perpassa a vida de "travestis e transexuais", porém a noção de identidade sequer é mencionada.

Ao tocante à matriz teórica que a autora recorre, utiliza-se em sua maioria da teoria social crítica, mas apresenta também autoras vinculadas ao pós-estruturalismo e ao feminismo norte-americano. A autora encerra sua escrita realizando um convite para questionarmos os limites e as possibilidades evidenciadas para o acesso à Política de Assistência Social.

No trabalho "Processo Transexualizador no SUS: um campo político e de práticas em construção e o protagonismo do Serviço Social", Prestes e.al (2016) apresentam o desenvolvimento desse processo em um Hospital Universitário do Rio de Janeiro enquanto uma política pública, mas que acaba por ser desenvolvido mediante a realização de ações isoladas que não consideram a assistência social enquanto uma ação institucional que precise se fazer presente e atuante em todo processo de transição da pessoa usuária. De acordo com Santos *et al.* (2016, p. 2), esse processo ocorre como:

> [...] ações isoladas de determinado profissional, seja o médico psiquiatra, seja o cirurgião, seja a psicóloga, o assistente social, de modo que essa assistência não seja enxergada como uma ação institucional, mas como uma atitude particular daquele profissional em questão.

As autoras apresentam um breve histórico sobre o Processo Transexualizador, efetivado no Brasil no ano de 2008 e o seu percurso, a partir de programas e ações governamentais que se desenvolveram no final do século XX e início do século XXI, como portarias criadas pelo Conselho Federal de Medicina (CFM), o Programa "Brasil sem Homofobia", publicado pelo Governo Federal, em 2004, e que tinha como premissa "A promoção do respeito à diversidade sexual e de gênero e ao combate as várias formas existentes de violação dos direitos humanos de Gays, Lésbicas, Bissexuais, Travestis e Transexuais" (SANTOS *et al.*, 2016, p. 4).

Cabe salientar que tal movimento foi duramente criticado pela extrema direita, pautando seus ataques à tal política, a partir de preceitos fundamentalistas e religiosos. As autoras evidenciam a importância da despatologização da(s) transexualidade(s) e os compromissos assumidos entre o Estado e o movimento LGBT, sendo materializado a partir de 2011 com a Política Nacional de Saúde Integral de Lésbicas, Gays, Bissexuais, Travestis e Transexuais. Entre as dificuldades apontadas à realização do processo, muitas vinculam-se a não atuação da gestão municipal frente às demandas que se apresentam para a operacionalização da política e a visão biomédica ainda existente às decisões do Ministério da Saúde.

As autoras reconhecem o papel dos serviços de saúde, no tocante que ele é atravessado por serviços complementares à saúde de travestis e transexuais,

> [...] que pode se expressar, por exemplo, na possibilidade de retificação do nome de registro de nascimento (atualmente apenas pela via judicial) ou tão somente no acesso à hormonioterapia e outras modificações corporais (depilação, fonoaudiologia, entre outras...). (SANTOS *et al.*, 2016, p. 8).

Mesmo sendo uma política pública desde o ano de 2008, as autoras reconhecem que somente nos últimos anos tem-se intensificado a oferta de serviços e ações relacionadas ao Processo Transexualizador. As reuniões e os encontros entre as principais agências organizativas da sociedade, entre secretarias de saúde, conselhos e comitês em saúde, são tidos como importantes espaços à operacionalização da política.

O artigo "Transexualidades e serviço social: relato de experiência de atividades de formação com profissionais e estudantes de serviço social" apresenta, a partir de uma metodologia em relato de experiência, o plano de intervenção do estágio curricular obrigatório realizado no curso de Serviço Social da Universidade Federal de Pernambuco. O processo deu-se mediante a realização de oficinas e a participação dos das assistentes sociais do Hospital das Clínicas de Pernambuco. Dessa forma, possibilita o compartilhamento de saberes em torno das transexualidades/travestilidades.

As autoras introduzem o trabalho justificando a realização das oficinas, compreendendo que, no Serviço Social, é perceptível a realização desse processo. Segundo Silva e Moura (2016, p. 1), cabe ao "[...] Serviço Social, enquanto categoria, afinar seu debate sobre a questão trans e criar um caminho alternativo frente as mais diferentes formas de violência, por muitas vezes institucional, vivenciadas pelas pessoas trans".

Dessa forma, as autoras reconhecem, frente ao processo de investigação, um espaço ainda não tão presente entre as dinâmicas do trabalho das assistentes sociais. Entre o que consideramos um atraso para o campo, evidenciam-se as "[...] poucas produções teóricas sobre essa questão e que necessitavam ser preenchidas para intervenções apropriadas e pertinentes para o Serviço Social e seus projetos de sociedade". (SILVA; MOURA, 2016, p. 4).

Ao buscarem amparo teórico nas dimensões da transexualidade/travestilidade em trabalhos da UFPE, as autoras evidenciam o silenciamento do referido campo, quando se lê:

> Do universo das dissertações, 351 produções (1983 a 2014) foram feitas, onde 3% são sobre gênero e somente 0,56% sobre

> LGBTs. Nenhuma sobre travestilidades ou transexualidades. De 2003 a 2014, 1095 Anais do 15º Congresso Brasileiro de Assistentes Sociais teses (2003 a 2014) escritas: 11% produções se dedicaram a gênero e 0,9% (apenas uma) sobre as travestis. Já as monografias, de 2009 a 2012, 224 foram registradas, contemplando gênero em 13, sendo duas sobre a população LGBT. (SILVA; MOURA, 2016, p. 4).

O pouco acúmulo teórico na referida abordagem contempla a realização da pesquisa como parte da construção de saberes que não se encontram hegemonicamente presentes frente à hegemonia profissional da categoria. As autoras evidenciam também um teor conservador durante a realização das oficinas, sobretudo nas falas de algumas profissionais. A perspectiva de ação em Direitos Humanos é compreendida como essencial para a instrumentalização da prática profissional. Ao final, as autoras evidenciam que, apesar das dificuldades, as profissionais não estavam fechadas teoricamente e politicamente para o desenvolvimento das atividades propostas e que a falta de uma maior aproximação da temática frente a uma formação generalista que, por vezes, não aprofunda essas questões.

Na comunicação "Atuação do Conselho Municipal de direitos de Lésbicas, Gays, Bissexuais, Travestis e Transexuais do Município de Fortaleza", Brasil *et al.* (2019) analisam a atuação do referido conselho, a partir de entrevistas semiestruturadas com os conselheiros. O campo de pesquisa escolhido possui vínculo direto com a Secretaria Municipal dos Direitos Humanos e Desenvolvimento Social (SDHDS), da Prefeitura Municipal de Fortaleza, e entre seus objetivos estão: "[...] elaborar, acompanhar, monitorar, fiscalizar e avaliar a execução de políticas públicas para o grupo LGBT destinadas a assegurar a essa população o pleno exercício de sua cidadania" (BRASIL *et al.*, 2016, p. 2).

Diante do exposto, as autoras evidenciam a importância da criação do conselho para a comunidade LGBTQIA+ como um grande avanço dado sobretudo pelo envolvimento do movimento LGBTQIA+ nas principais frentes de lutas. Dificuldades são apresentadas para a efetivação do conselho como o enfrentamento as formas de violência. Não há menção às mulheres transexuais e travestis no texto de forma a comtemplar as suas particularidades.

No artigo "A empregabilidade formal de Transexuais e Travestis beneficiadas do Programa Transcidadania na Cidade de São Paulo", a autoria apresenta a realidade laboral de três transexuais e travestis atendidas pelo

Projeto de Reinserção Social Transcidadania. Trata-se de um programa elaborado pela Prefeitura de São Paulo e que tem como principal perspectiva, de acordo com a autoria, "a reinserção profissional, social e cidadã de pessoas transexuais e travestis em situação de vulnerabilidade social na Cidade de São Paulo" (MAGALHÃES, 2016, p. 1).

A autora apresenta brevemente os principais dados sobre violência contra travestis e transexuais no mundo até o ano de 2018, fato que culmina diretamente à questão do desemprego direcionado a essa população. A pesquisa em questão foi realizada em torno de entrevistas gravadas e transcritas com as beneficiárias do programa e que, mais tarde, culminou na produção do Trabalho de Conclusão de Curso em Serviço Social da autoria.

É realizado um apanhado sob os eixos Educação e Trabalho, apontando o primeiro como um processo essencial e que deve estar presente na vida de travestis e transexuais. Há a apresentação de dados sobre casos de LGBTfobia, mas não há a apreensão específica desse fenômeno para as dinâmicas de mulheres transexuais e travestis, mesmo que o trabalhe possua tematicamente essa direção.

Em seguida, a autora evidencia a realidade de mulheres transexuais e travestis que são literalmente jogadas na prostituição, quando se lê:

> O número de trabalhadores e trabalhadoras transexuais e travestis com vínculo empregatício formal e/ou com uma sólida formação acadêmica é baixíssimo se comparado ao de pessoas usando o que é muitas vezes sua única opção de sobrevivência, a prostituição. (MAGALHÃES, 2016, p. 4).

Dada a realidade evidenciada, a autora transcreve a atuação do Programa Transcidadania como uma ferramenta não só de combate à exclusão de travestis e transexuais, como de promoção à educação, ao trabalho formal, à formação (ofertada a partir da conclusão do ensino regular, ensino profissionalizante, dentre outros) e a cidadania, com o pagamento de uma bolsa mensal no valor de R$ 1.047,90, desde que atendidas as condicionalidades.

Realizadas as entrevistas, a autora apresenta os dados de maneira que fica evidenciada a importância da realização do Programa Transcidadania para o alcance da cidadania de travestis e transexuais na cidade de São Paulo, por meio de processos que culminem o ensino, o trabalho e a renda. A pesquisa possui em sua maioria referenciais teóricos ligados à perspectiva pós-estruturalista dos estudos de gênero, comum a esse tipo de abordagem.

No artigo "'Da noite para o Dia': o tráfico de pessoas, a exploração sexual e a prostituição para as Travestis e Transexuais", Duarte *et al.* (2019) apresentam a extensão de uma dissertação de mestrado que tem como lócus a realidade do crime de tráfico de pessoas e a exploração sexual. Apresentam o tráfico de pessoas como uma questão complexa e presente na contemporaneidade e em dado momento dão a entender o desconhecimento das mulheridades que integram a vida de mulheres transexuais e travestis, onde se lê: "[...] o tráfico de pessoas assume dimensões complexas na sociedade do capital. O corpo **não só de mulheres, como também de travestis e de transexuais**" (DUARTE; COSTA, 2016, p. 1, grifo nosso).

Tal falha de reconhecimento é também evidenciada na escrita das autoras quando lemos:

> Diante da problemática sobre o tráfico de pessoas, destacam-se como sujeitos desta pesquisa **as travestis e as mulheres transexuais que, assim como as mulheres,** têm sido apontadas como possíveis "alvos" de aliciadores para o tráfico para fins de exploração sexual. (DUARTE *et al.*, 2019, p. 2, grifo nosso).

O não reconhecimento, inclusive na escrita, das mulheridades e feminilidades de mulheres transexuais e travestis vai totalmente contra o princípio XI do CEP e que usamos como parte da justificativa para a construção do nosso trabalho. A relembrar: "XI – Exercício do Serviço Social sem ser discriminado/a, nem discriminar por questões de [...] orientação sexual, identidade de gênero [...]" (BARROCO; TERRA, 2012, p. 131). É preciso entendermos de uma vez por todas que, **MULHERES TRANSEXUAIS E TRAVESTIS SÃO IDENTIDADES FEMININAS!**

Em dado momento, as autoras apontam a escrita correta, diferente da escrita transfeminista, reverenciando "travestis e mulheres transexuais". Menos excludente que as referências anteriores. O texto possui uma natureza qualitativa, debruça-se sob a análise de leituras, documentos e se desdobra a partir de uma pesquisa de campo. As autoras discorrem o fenômeno da prostituição, presente nas sociedades, e apresenta as vivências de mulheres transexuais e travestis frente ao tráfico de pessoas, que entre as tantas dificuldades enfrentadas, situam-se "o processo de aliciamento, coação, engano e/ou abuso, transporte, alojamento e exploração sexual" (DUARTE; COSTA, 2016, p. 5). As autoras identificam os aspectos mencionados como ligados ao tráfico de pessoas, a partir do Protocolo de Palermo, elaborado no ano de 2000 e que identifica aspectos específico para o crime de tráfico de pessoas.

As autoras apresentam os resultados das entrevistas, em que a sujeição e violências são evidenciadas nas falas de mulheres transexuais e travestis. As longas jornadas de trabalho e a exploração das cafetinas são características das diferenciações de exploração sexual. O trabalho é concluído reconhecendo o aprofundamento dos fluxos migratórios e as novas roupagens para o processo de exploração sexual de mulheres transexuais e travestis. Possui referências de autores ligados à dimensão pós-estruturalista dos estudos de gênero e do campo dos Direitos Humanos para a construção da pesquisa.

No artigo intitulado "Notas sobre a Violência contra a População Trans e Travesti nos Serviços Públicos de Saúde no Brasil", a autora busca identificar a discutir a dimensão da violência que atravessa a vida de pessoas trans e travestis nos serviços de saúde no Brasil. Mediante uma pesquisa bibliográfica e exploratória, a autora consegue identificar dois eixos que norteiam a prática de violências: a patologização e a abjeção. A autora reconhece a promoção de violências nos serviços de saúde à população LGBT, com maior acirramento à realidade de pessoas trans e travestis.

Podemos perceber uma escrita de fácil compreensão, atentando-se às particularidades que surgem na atenção integral em saúde de mulheres transexuais e travestis. A autora reconhece a responsabilidade do Estado na promoção de ações e serviços especializados à população trans, quando se lê:

> As requisições das mulheres, homens trans e travestis vão além do atendimento básico em saúde, solicitando do Estado e dos serviços públicos, um tratamento especializado e que entenda a transformação corporal como uma necessidade em saúde. (SANTOS, 2019, p. 2).

Nesse sentido, os serviços especializados em saúde para mulheres transexuais e travestis deve ser ofertado de acordo com as demandas específicas que surgem ao longo do pré, intra e pós-atendimento em saúde, devendo ser acompanhadas por toda a equipe multidisciplinar. Ao reconhecer a emergência anteriormente mencionada, a autora discorre a partir das legislações vigentes para o atendimento em saúde da população trans e travesti, como o reconhecimento à saúde contido na Constituição Federal de 1988; as Leis 8.080/1990 e 8.142/1990 que dispõem, respectivamente, sobre a regulamentação das ações e serviços em saúde e sobre a participação da comunidade na gestão do SUS, promovendo assim uma concepção ampliada de saúde, ou seja, não vendo mais a saúde apenas como a ausência de doenças, mas como um conjunto de aspectos sociais, ambientais, psicológicos, tal como definido pela Organização Mundial da Saúde (OMS).

A autora reconhece a necessidade de não pautarmos as particularidades presentes na promoção da saúde de transexuais e travestis por via da questão biomédica, visto que "a saúde está intimamente ligada com a produção de subjetividade" (SANTOS, 2019, p. 4). Ou seja, faz-se necessário compreender que pessoas trans e travestis, conforme denomina a autora, possuem aspectos históricos, políticos e sociais e que esses são inerentes à construção dos seres humanos, sendo necessário instrumentalizar nossa prática profissional. Ainda, segundo a autora, é preciso que tiremos do papel os serviços em saúde ofertados para a população trans e travesti.

No tocante às experiências de pessoas trans e travestis nos serviços de saúde, a autora discorre a respeito dos tipos de violências que podem ser direcionadas a essa população usuária. Entre as violências, acentua-se o não respeito ao uso do nome social mesmo sendo uma política pública existente, quando as usuárias desejam acessar essa política pública; situações de constrangimento nos diferentes serviços em saúde ofertados; a precarização no processo de internação hospitalar; e o acesso dificultoso a recursos para a "transformação" do corpo.

A autora conclui sua escrita realizando um breve apanhado sobre os desafios, possibilidades e o papel do assistente social frente ao processo de cuidado em saúde da população trans e travesti. Para a autora, a incorporação das demandas em saúde direcionadas às pessoas trans e travestis são fruto de lutas históricas, integradas pela participação popular e a integração entre os sistemas organizativos, em busca da atenção e cuidado em saúde dessa população. O diagnóstico é um aspecto apontado pela autora como uma problemática que, por vezes, acaba patologizando as experiências de pessoas trans e travestis.

O enfrentamento das mais diversas formas de violências direcionadas às pessoas transexuais e travestis nos serviços de saúde é apontado como importante demanda frente ao trabalho do assistente social, levando em conta os princípios preconizados em seu Código de Ética Profissional, quando se lê: "Percebe-se, portanto, um compromisso ético não só com a população trans e travesti, mas com a diversidade humana que atravessa a rede de serviços que incorporam o Serviço Social..." (SANTOS, 2019, p. 11).

Com isso, faz-se necessário o desenvolvimento de um olhar sensível às particularidades que atravessam as experiências que pessoas trans e travestis possam vivenciar nos serviços de saúde, apontando esse processo como uma ação coletiva, fora da culpabilização dessa população usuária.

No artigo "O trabalho profissional de uma equipe de assistentes sociais no âmbito do Processo Transexualizador", Santos *et al.* (2019) sistematizam o trabalho de uma equipe de assistentes sociais em uma das unidades de atenção especializada do Processo Transexualizador. De acordo com a leitura, as autoras apontam que o trabalho profissional vinculado ao processo transexualizador é realizado mediante a articulação da política de assistência, da formação profissional e da gestão política do trabalho.

As autoras apresentam novas demandas que se apresentam à categoria profissional e consideram o CEP como norteador da prática profissional para a prestação de serviços sociais que desenvolvam a compreensão da cidadania e a reflexão das demandas contemporâneas que atravessam a categoria e seus entes federativos como o conjunto CFESS/CRESS. Sobre a relação da categoria com a população de transexuais e travestis, as autoras discorrem que houve uma aproximação frente à produção do saber no CBAS, quando se lê:

> Nessa direção, destaca-se ainda o até então inédito espaço que o XIV Congresso Brasileiro de Assistentes Sociais (CBAS), ocorrido em 2013, reservou para a discussão da diversidade sexual e de gênero em uma de suas mesas simultâneas e mais recentemente a realização do "1º Seminário Nacional Serviço Social e Diversidade Trans: exercício profissional, orientação sexual e diversidade de gênero" organizado pelo CFESS e CRESS de São Paulo em junho de 2015. (SANTOS *et al.*, 2019, p. 3).

Ressaltamos a importância de se pensar as dinâmicas que atravessam as vidas e experiências de mulheres transexuais e travestis para além da compreensão de diversidade. Na perspectiva que adotamos, a diversidade não é capaz de responder às especificidades das diferenças. A diversidade é cunhada pelo movimento LGBT antes da chamada virada epistemológica que gestou os estudos *queer*. Enquanto na noção de diversidade a luta política é pela defesa da homossexualidade, na noção *queer* buscamos criticar os regimes de normalização. Nesse sentido, a concepção de poder para ideia de diversidade é compreendida como repressora, e no espírito político *queer* se desloca pelo norte disciplinar/controle.

As autoras apontam que houve um aumento na produção técnico-científica do Serviço Social, sobretudo com a entrada de pessoas autodeterminadas LGBTQIA+ e o seu desenvolvimento enquanto usuárias das ações e serviços. Compreendemos, entretanto, que o "lugar de fala" nem sempre é atravessado pelo "lugar de propriedade". Ou seja, não basta ser LGBTQIA+ no Serviço Social se a construção histórica, seja enquanto usuária ou enquanto profissional, não for direcionada à luta pela integração de pessoas LGBTQIA+ nos diferentes setores da sociedade, acessando seus bens e serviços.

Realizando uma aproximação ente a atuação de assistentes sociais e as Diretrizes de Assistência direcionadas às pessoas que realizam as intervenções sob o âmbito do Processo Transexualizador, as autoras apresentam o trabalho da assistente social como integrante da equipe multidisciplinar responsável pela operacionalização das ações que integram o processo transexualizador. As autoras situam dificuldades encontradas nesse na culminância desse processo reconhecidas, a partir de demandas que chegam ao trabalho da assistente social, quando se lê:

> [...] queixas quanto a demora do procedimento cirúrgico, quanto aos conflitos familiares causados pela rejeição da transexualidade, quanto a rede assistencial de apoio restritas, quanto a fragilidade em termos de cobertura previdenciária, quanto a dificuldades de acesso ao trabalho, bem como de acesso aos medicamentos (hormônios principalmente), ao tratamento fora do domicílio (TFD), aos estigmas e preconceito social que envolvem os espaços escolares, de moradia e demais esferas sociais, bem como as questões acerca da retificação de nome e gênero nos documentos pessoais e as numerosas restrições no que diz respeito ao uso do nome social. (SANTOS *et al.*, 2019, p. 4).

As autoras explicam que buscando o fortalecimento das ações e serviços relacionados ao processo transexualizador, a equipe de assistentes sociais, sob a **dimensão socioassistencial do trabalho** realiza suas ações e progressos, de acordo com as demandas que se apresentam com a chegada de transexuais e travestis no hospital. É realizada uma escuta qualificada e nesse momento identifica-se as particularidades, sendo possível encontrar subsídios para responder às demandas apresentadas. Entre as técnicas utilizadas o desenvolvimento do trabalho das assistentes sociais, a realização de **entrevistas** é uma das mais utilizadas, sendo possível uma maior aproximação da vida das usuárias e evidenciando-se a dimensão investigativa da profissão. As autoras também fazem uso da **coleta e sistematização de dados**, a partir do registro em prontuários e diários de campo. As autoras informam que se criou um **grupo virtual**, que busca desenvolver a escuta e o acesso às informações relativas ao atendimento no processo transexualizador. Com isso, podemos perceber a importância de ocupar também os espaços virtuais para esse fim.

No desenvolvimento da dimensão do **fortalecimento da atenção multiprofissional**, as autoras reconhecem o fortalecimento das ações e serviços relacionados ao processo transexualizador, a partir do trabalho desenvolvido pelas equipes, além de parcerias firmadas entre instituições que visam o desenvolvimento da cidadania e o acesso de direitos da população LGBTQIA+.

As autoras, no tocante à **gestão**, imprimem uma série de objetivos a serem alcançados por toda a equipe envolvida nas ações e serviços em saúde relacionadas ao processo transexualizador, entre eles:

> - Institucionalização do serviço (provocar um deslocamento do âmbito médico/particularista para uma abordagem mais institucional, o programa é uma atividade institucional e não um projeto individual da equipe médica);
>
> - Deslocamento na abordagem centrada no diagnóstico/cirurgia para uma abordagem mais ampliada, englobando os demais aspectos envolvendo a transexualidade e os impactos no cotidiano dos usuários e seu grupo familiar/amigos; [...]. (SANTOS *et al.*, 2019, p. 9).

Dado o exposto, entende-se que os objetivos se ligam diretamente às demandas que são apresentadas diariamente como o enfrentamento à visão bioessencialista das transexualidades que ainda hoje imprime intensos processos de violência institucional para pessoas transexuais e travestis, tanto no âmbito público, quanto no âmbito privado.

As autoras promoveram a realização da pesquisa, a partir de um Comitê Técnico de Saúde LGBT do estado. Ao término, destacam a dimensão da **Formação de alunos/as de graduação, residência e pós-graduação** como um processo fundamental à percepção das transexualidades como um espaço de disputa e atuação das assistentes sociais inseridas na equipe multidisciplinar e para que pessoas transexuais e travestis possam acessar o direito a saúde, historicamente invisibilizado, podendo alcançar uma nova ordem societária. As autoras não aprofundam as transexualidades em suas dimensões identitárias, recorrendo-se apenas à perspectiva materialista histórico-dialética.

No artigo "Estudo exploratório sobre a temática da transexualidade no ambiente universitário: reflexões e a intervenção do Serviço Social", Mesquita *et al.* (2019) propõem uma análise teórica da transexualidade no âmbito de uma universidade pública do Rio de Janeiro. Elas dividem a proposta em três aspectos: uma breve análise teórica sobre os conceitos relacionados à diversidade sexual, uma contextualização sobre a diversidade presente no âmbito universitário e o perfil de estudantes transexuais dessa instituição.

As violações de direitos e a percepção de violências cotidianas direcionadas à população transexual se traduz como uma das motivações para a realização da pesquisa. As autoras explicam que, no contexto da universidade e das estudantes que acessam a assistência estudantil, há situações que ultrapassam a operacionalização da Política Nacional de Assistência Estudantil (Pnaes). Para as autoras, a política do nome social não basta para o respeito e o alcance da cidadania de estudantes transexuais da instituição, pois em processos formais como estágios, o respeito ao nome social torna-se voluntário, já que nos documentos oficiais continuam a constar o nome de registro civil inicial, este não refletindo sobre a personificação das estudantes.

As autoras apresentam uma breve discussão a respeito da diferenciação entre o gênero, o sexo e a sexualidade, enquanto dimensões que atravessam a vida humana. Tratam da heteronormatividade como um determinismo das relações de poder ligada à construção do ser social, de acordo com o que é importo pela matriz sexo-gênero. Na dimensão da transexualidade, as autoras recorrem a autoras ligadas à perspectiva pós-estruturalista dos estudos de gênero. Consideram a expansão do ensino superior, a partir da democratização do ensino superior no Brasil, nos anos 2000, que incide também a população de pessoas transexuais e travestis. Tal processo é citado pelas autoras, a partir do Programa de Apoio ao Plano de Reestruturação e Expansão das Universidades Federais (Reuni), implantado em 2007, e o Programa Nacional de Assistência Estudantil (Pnaes), de 2010.

Para as autoras, no desenvolvimento de pessoas transexuais e travestis na universidade, o nome ainda é uma construção que de fato precisa ser operacionalizada em todos os espaços de poder. Segundo as autoras,

> A partir de nosso cotidiano profissional, constata-se que a apresentação por pessoas transexuais de uma documentação que não condiz com sua realidade, se mostra como uma grande barreira para realização de diferentes ações, como a própria permanência na universidade. (MESQUITA; RODRIGUES, 2019, p. 8).

Assim, o desenvolvimento de ações concretas para o acesso à informação sobre o direito ao uso do nome social e a fomentação de atitudes institucionais que evidenciem o respeito a cidadania de transexuais e travestis é parte do trabalho socioeducativo em conjunto que deve ocorrer entre as profissionais e a instituição.

As autoras apresentam o perfil das alunas transexuais e travestis da universidade, considerando o gênero das estudantes, o ano de ingresso na instituição e a situação acadêmica das alunas, se possuem matrícula regular ativa, matrícula trancada ou se já concluíram o curso. Ações que visem compreender as dinâmicas que perpassam a vida de alunas transexuais e travestis são consideradas pelas autoras, quando se lê:

> Serão promovidas pesquisas e levantamento de dados e demandas dos segmentos LGBT, rodas de conversa, seminários, oficinas, capacitações (em especial para o corpo de técnicos administrativos e docentes) e atendimentos individuais aos estudantes. (MESQUITA; RODRIGUES, 2019, p. 11).

As autoras evidenciam a construção de ações e projetos articulados na universidade em busca do desenvolvimento da cidadania de pessoas LGBTQIA+, e constroem a escrita da pesquisa tomando como referência autores pós-estruturalistas ligados sobretudo ao campo da educação.

No artigo intitulado "O direito ao nome e a retificação do registro civil da pessoa transexual após a decisão do Supremo Tribunal Federal", as autoras demarcam uma discussão no tocante ao nome enquanto parte constituinte da cidadania das pessoas e a retificação do registro da pessoa transexual após a decisão do Supremo Tribunal Federal (STF), na Ação Direta de Inconstitucionalidade 4275/DF, julgada em 1 de março de 2018 e que reconheceu o direito à substituição do prenome e do gênero, a partir da autodeclaração de pessoas transgêneras, não sendo mais impedida por questões como a cirurgia de redesignação sexual, da realização de hormonioterapia, ou da apresentação de laudos médicos e psicológicos.

As autoras apresentam um breve contexto apontando a insuficiência da política de recurso ao uso do "nome social" já que ela não se aplicava em todos os ambientes e repartições e, quando prevista a sua aplicabilidade, ainda passava por resistência frente a um grande conservadorismo presente nas instituições. Mediante uma pesquisa bibliográfica e documental, as autoras buscam responder quais as mudanças ocorridas a partir da decisão do STF para as pessoas transgêneras, além do reconhecimento do nome enquanto parte constituinte dos ser social.

No artigo, as autoras partem do reconhecimento do nome na busca pela dignidade da pessoa humana. Na vida de pessoas transgêneras, ele possui uma importância para além de um simples registro, pois "o uso de um nome que não corresponda a sua identidade de gênero é motivação para impedimentos e obstáculos de variadas ordens" (PITZ; RODRIGUES, 2019, p. 3). A vida de pessoas transgêneras, para as autoras, é atravessada pelo uso do nome correspondente à sua identidade e expressão de gênero. O não uso acaba por marginalizar essas existências que, historicamente, são atravessadas por preceitos biologizantes que não reconhecem sequer a humanidade de seus corpos.

As autoras sublinham que, no Serviço Social, o uso do nome social por profissionais vinculadas à categoria passou a ser uma realidade no ano de 2011, indo de encontro ao conjunto de conquistas constantes no CEP, inclusive a defesa intransigente dos Direitos Humanos. Com o desenvolvimento da escrita, as autoras apresentam brevemente suas percepções a respeito da Ação Direta de Inconstitucionalidade n.º 4275/DF, atribuindo sua interpretação a partir do Art. 58 da Lei 6.015/1973, que dispõe sobre os registros públicos e que teve sua redação sob a Lei 9.708/1998, que altera o Art. 58 da Lei 6.015/1973, possibilitando a substituição do prenome por apelidos públicos notórios.

As autoras reconhecem que, na petição inicial da dada ação, as travestis acabaram sendo invisibilizadas institucionalmente, quando se lê:

> Na petição inicial da presente ação, a tese principal era de que havia um direito fundamental violado requerendo-se então a substituição do prenome e sexo no registro civil de pessoas transexuais que assim o desejarem. Importante ressaltar que a Procuradoria interpôs a ação apenas citando os transexuais, ignorando desumanamente as travestis. (PITZ; RODRIGUES, 2019, p. 6).

De fato, não há como humanizar as experiências de transexuais e travestis citando apenas uma das identidades de gênero. O direito ao nome que correspondesse à identidade de gênero da pessoa transexual ou travesti teve sua aplicação imediata. É importante lembrarmos o quão é dificultoso ainda para que muitas mulheres transexuais e travestis realizem a retificação do nome que foi imposto ao nascimento. Seja por questões financeiras ou ainda por resistência de algumas instituições, muitas mulheres transexuais e travestis enfrentaram e ainda enfrentam grandes atravessamentos de toda política conservadora presente nos órgãos institucionais responsáveis. Ao término, as autoras reconhecem que os direitos das pessoas transexuais e travestis têm sido garantidos ainda mais por vias judiciais do que pela legislação.

No artigo "Reflexões sobre a importância do assistente social no processo transexualizador", as autoras realizam uma análise de suas experiências em pesquisas sobre a temática, teorizando sobre o trabalho da assistente social frente ao processo transexualizador junto à equipe multidisciplinar e ao desenvolvimento do Serviço Social na política de saúde pública no Brasil. As autoras congregam uma série de fatores que levaram a criação do Processo Transexualizador e a importância dessa política se fazer presente e atuante no SUS.

Entre uma das justificativas para a produção do artigo, as autoras expressam que

> Diante do exposto, da pequena produção científica sobre o PTSUS no âmbito do Serviço Social, este trabalho se propõe a refletir sobre as potencialidades da presença do Assistente Social, enquanto profissional direcionado por um projeto ético-político e formado por uma perspectiva crítica, em todas as etapas do PTSUS. (DUARTE; ROCON, 2019, p. 2).

É evidenciada a pouca produção sobre a temática no Serviço Social e isso, para nós, pesquisadoras dos estudos de gênero, constitui-se como um agravante que precisa ser analisado e combatido. Durante a escrita, as autoras empregam o termo "pessoas trans" para se referir ao público atendido, mas acabam invisibilizando as travestis que em nenhum momento são citadas no texto. Há referências para os homens transexuais e os percalços que muitos enfrentam para o acesso ao processo transexualizador. As autoras encerram a proposta de comunicação refletindo sobre a importância da inserção da assistente social no Processo Transexualizador do SUS, encontrando proteção sob a Resolução CFESS n.º 845, de 26 de fevereiro de 2018, que promove um trabalho profissional em defesa do nome social da população trans e travesti usuária dos serviços e ações do Serviço Social, cumprindo o princípio XI do CEP e considerando o direito a autodeterminação das usuárias.

No artigo "A dificuldade de Acesso de Usuários(as) do Processo Transexualizador aos Serviços de Hormonioterapia", Almeida *et al.* (2019) refletem sobre a dificuldade da população trans no acesso aos serviços de hormonioterapia. A pesquisa deu-se mediante o relato de experiência teórico-prático do Programa de Residência em Serviço Social em um hospital do Rio de Janeiro. Tomam como base legal dada a condição de assistentes sociais a Resolução 845, de 26 de fevereiro de 2018, que dispõe sobre a atuação profissional do/a assistente social em relação ao processo transexualizador.

As autoras realizam um breve apanhado histórico sobre o processo transexualizador o SUS, apontando para o processo de hormonioterapia que é regulado no artigo 5º da Portaria 2803 de 2013, que redefine e a amplia o Processo Transexualizador no SUS. Dessa forma, consideram também os princípios da universalidade e da integralidade, princípios esses que são basilares no SUS.

O acesso a hormonioterapia não deve ser visto apenas como uma política de acesso, mas como uma oportunidade para que as pessoas transexuais e travestis se encontrem consigo mesmas frente à noção de sujeitas que decidam viver. As autoras acreditam que o tratamento hormonal ultrapassa a prestação de um serviço, quando se lê: "a população trans busca no tratamento hormonal uma forma de satisfação pessoal e maior identificação com o gênero com o qual se identifica" (ALMEIDA *et al.*, 2009, p. 4). Dessa forma, é necessário que aprofundemos a compreensão da terapia hormonal para além da noção de algum tipo de status, mas como um processo que pode humanizar pessoas transexuais e travestis no SUS.

A automedicação é um agravo apontado pelas autoras e que faz parte da realidade de muitas pessoas transexuais e travestis que, por dificuldades no acesso à hormonioterapia e a um acompanhamento correto com o médico endocrinologista, acabam por negligenciar a sua própria saúde. Com isso, devemos também buscar informações seguras e concretas para que as usuárias se sintam acolhidas e humanizadas. As autoras destacam que no Rio de Janeiro há apenas duas unidades de saúde que realizam o processo transexualizador e possuem em seu bojo de serviços a hormonioterapia. Encerram com o tensionamento de que se faz necessário considerar o processo de hormonioterapia enquanto uma política de cuidado especializada e que, portanto, deve ser operacionalizada de forma a promover o acesso de usuárias de uma maneira facilitada. Nesse sentido, o trabalho da assistente social deve acompanhar as dinâmicas que evidenciem a promoção e o acesso das usuárias aos serviços de saúde dispostos.

Os artigos anteriormente descritos serviram de base para o alcance do objetivo de levantar as percepções do "Universo Trans" na produção do conhecimento no Congresso Brasileiro de Assistentes Sociais (2016-2019). Conforme caminhamos, as análises finais estarão localizadas no desenlace deste trabalho. Vimos a necessidade de realizarmos um movimento de percepção nos eixos que foram formulados na edição do CBAS, em 2019. Contamos com a coleta de informações no site do evento e a sistematização de dados, conforme as informações a seguir.

O XVI CBAS contou com a divisão dos trabalhos nos seguintes eixos temáticos: 1) Trabalho, Questão Social e Serviço Social; 2) Movimentos Sociais e Serviço Social; 3) Serviço Social, Fundamentos, Formação e Trabalho Profissional; 4) Política Social e Serviço Social; 5) Questão Agrária, Urbana, Ambiental e Serviço Social; 6) Ética, Direitos Humanos e Serviço Social; e 7) Serviço Social, Relações de Exploração/Opressão de Gênero, Raça/Etnia, Sexual.

De modo a evidenciar como o "universo trans" está apresentado no CBAS sob os referidos eixos, dispomo-los conforme o quadro a seguir de acordo com o eixo temático, a quantidade de trabalhos apresentados e sob essas quantidades quantos correspondem respectivamente aos trabalhos com orientação ao "universo trans", conforme foram apresentados anteriormente.

Quadro 3 – Disposição do "universo trans" no Congresso Brasileiro de Assistentes Sociais (2019), de acordo com os eixos temáticos.

Eixo	**Trabalhos apresentados**	**"Universo trans"**
Trabalho, Questão Social e Serviço Social	196	0
Movimentos Sociais e Serviço Social	56	0
Serviço Social, Fundamentos, Formação e Trabalho Profissional	512	1
Política Social e Serviço Social	484	1
Questão Agrária, Urbana, Ambiental e Serviço Social	91	0
Ética, Direitos Humanos e Serviço Social	123	0

Serviço Social, Relações de Exploração/Opressão de Gênero, Raça/Etnia, Sexual	270	7
Total	1732	9

Fonte: elaborado pelo autor

Conforme o exposto, podemos inferir que, nos anais de 2019, o CBAS contou com poucas publicações (para não dizer mínimas) que perpassam o "universo trans". Os artigos podem ser encontrados em três de seus sete eixos. Dois dos eixos escolhidos tiveram, respectivamente, apenas um artigo vinculado. Em um dos eixos, o de "Serviço Social, Relações de Exploração/ Opressão de Gênero, Raça/Etnia, Sexual", evidenciou-se entre os demais como o que mais contou com artigos publicados que versam sobre o "universo trans" sendo integrado por sete publicações. A partir dessas informações, podemos conceber uma rasa produção "universo trans" no universo de 1732 trabalhos apresentados e publicados nos anuais do CBAS, de 2019, e no eixo descrito que contou com a maior quantidade de produções, foi mínima frente aos 270 trabalhos apresentados. Pensamos a partir daqui possibilidades para se pensar a humanização de mulheres transexuais e travestis no/para o Serviço Social.

3.4 "OS 10% DE MIM": HUMANIZAÇÃO DE MULHERES TRANSEXUAIS E TRAVESTIS NO/PARA O SERVIÇO SOCIAL

Pensemos, a partir do memorável discurso da professora, mestra em Educação, assistente social e ex referência técnica para as Políticas LGBT-QIAPN+ do estado de Sergipe Adriana Lohanna dos Santos, "Os 10% que me tornam a impostora", formas de promover humanização de mulheres transexuais e travestis no/para o Serviço Social brasileiro, tanto à nível de formação e, consequentemente, no fazer da categoria profissional. Tal processo deve iniciar-se no desvinculamento da ideia que "historicamente, associaram travesti, prostituição e criminalidade" (VERAS, 2019, p. 29). Há algum tempo, sobretudo com a virada epistêmica dos estudos de gênero no final do século XX e início do século XXI, mulheres transexuais e travestis têm construído novas paisagens, no tocante aos lugares que ocupam na produção de suas experiências. Elas ocupam, ainda que sorrateiramente, atalhos para o alcance de uma inteligibilidade social, logo, a humanização de suas vivências e a construção de novos enunciados que não sejam apenas no contexto da prostituição, comum nas primeiras pesquisas sobre a experiências de travestis nos anos 2000.

Passamos a sublinhar, portanto, a fragilidade nas discussões sobre as experiências de mulheres transexuais e travestis no/para Serviço Social brasileiro. Concordamos com a previsão do professor, historiador e pesquisador nas abordagens da sexualidade, homossexualidades e experiências trans Elias Ferreira Veras, que aponta as "condições históricas de emergência do sujeito travesti" (VERAS, 2019, p. 30). Dado todo o contexto de reconhecimento do Serviço Social enquanto uma profissão inserida na divisão social e técnica do trabalho, deve-se estar e fazer-se presente também na (re)construção das sujeitas que indicam ainda uma reunião clandestina no ensino, na formação e na produção do saber no/para o Serviço Social. Devemos, nessa tônica, assumir um papel de compromisso às escritas dissidentes, que, no caso das dinâmicas que perpassam as vidas de mulheres transexuais e travestis, é "explorar uma costa com muitos arrecifes e bancos de areia: - a navegação é basicamente cheia de surpresas" (LANZ, 2015, p. 12). Por sorte ou pelo destino que já apostávamos nos deparar, somos curiosas navegantes pós-modernas. Não há medo no encarar os regimes que normalizam e influenciam também a escrita e a reprodução ou a pouca reprodução do "universo trans" no Serviço Social.

Com isso, levantamos o seguinte questionamento: onde estão as mulheres transexuais e travestis no/para o Serviço Social? Ao passo que reconhecemos a emergência da presença de mulheres transexuais e travestis no/para o Serviço Social, rogamos para um avanço mais considerável à adoção das epistemologias "trans", sob a qual "a antropologia e a sociologia foram pioneiras nas discussões de temas relacionados às experiências trans" (VERAS, 2019, p. 32). Nesse sentido, apontamos que a entrada de estudos e escritas que perpassam as experiências de mulheres transexuais e travestis no/para o Serviço Social ocorre justamente com o avanço das pesquisas nos estudos de gênero, que deve ser apreendido enquanto uma categoria de análise que atravessa a constituição do ser social em todas as suas encruzilhadas, deslocando os nossos olhares para o *queer* na crítica aos regimes de normalização.

A partir de nossas aproximações e diálogos com uma parte do "universo trans", consideramos que as invisibilidades de suas (re)existências podem ser constituídas em decorrência de uma reiterada ideia da **impostora**. Nessa analogia, mulheres transexuais e travestis são definidas social, política e subjetivamente, de acordo com a ordem cromossômica que as atravessa. Ou seja, de acordo com os "10%" localizados na região pélvica. Ainda hoje há a concepção patriarcal de que, se o corpo possui um pênis, seu papel de gênero deverá ser diferente do corpo que possui uma vagina. Mas e quando as sujeitas não se identificam no universo atribuído e que historicamente lhe foi imposto? Uma realidade de vigilância e controle passa a compor as suas experiências e, consequentemente, a reprodução de suas vidas, consideradas por parte da sociedade "dominante" como não vidas.

O sentido de aceitação na sociedade contemporânea experienciada por mulheres transexuais e travestis surgem, segundo Veras (2019, p. 152), "no dispositivo do estigma, operacionalizado pela imprensa, associado às desordens, aos escândalos, aos assassinatos", o que não é nada fácil; imagine sentir-se humanizadas, vistas em sua totalidade sem qualquer manifestação de violência, seja ela ligada à performance que seu corpo reproduz no território que ocupa ou no árduo fato de resistir aos processos de invisibilidades e silenciamentos que subordinam a sua prática de liberdade.

Esse processo não se finda com a adequação à "norma", visto que, por mais que mulheres transexuais e travestis se realizem, a partir de mecanismos formais de adequação às normas sociais de gênero — retificação do nome civil, cirurgia de redesignação sexual (adequação do corpo à identidade de gênero), cirurgia para a colocação de prótese mamária feminina; cirurgia de feminilização vocal, entre outros procedimentos invasivos —, serão, ainda sim, consideradas impostoras frente a uma sociedade que não enxerga as diferenças como possibilidades outras de vida no Ocidente.

Mesmo reconhecendo as mudanças e avanços na produção do conhecimento no Serviço Social ao longo dos anos, não podemos deixar de refletir que "[...] as experiências trans continuam marcadas por múltiplas violências; que, apesar de toda a luta e resistência, travestis e transexuais continuam sendo interpretadas pelos dispositivos que constituem a matriz heterossexual" (VERAS, 2019, p. 204).

Parte dessas violências podem ser identificadas, a partir da pouca produção do corpo transexual e travesti no/para o Serviço Social brasileiro. Esse corpo político que é atravessado diariamente por rígidas contradições ligadas ao *cis*tema. São corpos ainda pouco presentes no Serviço Social, desde a formação superior. Podemos, aqui, sublinhar outro questionamento sob o anterior: onde estão as mulheres transexuais e travestis nos cursos de graduação e/ou pós-graduação em Serviço Social? Há um silencio. Podemos, a partir dessa análise, construir coletivamente algumas encruzilhadas que possibilitem a construção de práticas diárias que humanizem mulheres transexuais e travestis no/para o Serviço Social.

Nesse sentido, recorremos ao "epistemicídio" que produz a negação do Outro. A análise foi cunhada pelo sociólogo brasileiro Boaventura de Souza Santos e expressa

> [...] à destruição de algumas formas de saber locais, à inferiorização de outros, desperdiçando-se, em nome dos desígnios do colonialismo, a riqueza de perspectivas presente na diversidade cultural e nas multifacetadas visões do mundo por elas protagonizadas. (2009, p. 183).

A produção dos saberes historicamente silenciados — saberes do povo preto, indígena, quilombola, saberes dos corpos com deficiência, saberes dos corpos transexuais e travestis, entre outros — tem demarcado um lugar de resistência. Com o avanço dos estudos que congregam as experiências de mulheres transexuais e travestis, conseguimos reconhecer a importância de não vincularmos a produção do conhecimento no Serviço Social em uma dimensão da vida social apenas, pois corremos o risco de silenciá-las e, conforme aponta a feminista, pesquisadora e assistente social Dr.ª Catarina Nascimento de Oliveira: "Tornar exclusiva uma teoria em detrimento de 'outras', significa distanciar-se de campos discursivos igualmente importantes para uma compreensão dos fenômenos que circundam o tecido social" (OLIVEIRA, 2019, p. 159).

Dessa maneira, conforme a perspectiva adotada, entendemos que ao remetermos a produção do conhecimento a todas as experiências de vidas humanas — estamos assumindo um papel de transformação, rompendo com as barreiras das normas sociais estabelecidas ao longo dos anos no Serviço Social que, mesmo passando da pelo movimento de reconceituação da profissão ocorrido, em 1965, pouco tem investido na visibilidade de mulheres transexuais e travestis em todos os seus espaços políticos, incidindo em espaços ainda pouco construídos, visto o "completo apagamento do corpo e dos rastros de existências desviantes e insurgentes" (CAVICHIOLI, 2021, p. 36). O processo de apagamento pode e deve ser compreendido em diferentes espacialidades, incluindo a produção das experiências de trabalho das assistentes sociais frente ao alcance das dimensões constitutivas do Serviço Social.

Ao produzirmos atitudes que visem a humanização de mulheres transexuais e travestis no/para o Serviço Social, devemos atentar a detalhes importantes e que atravessam essas mulheres desde a sua concepção de sujeita política a prática cotidiana. Conforme nos transmite o pesquisador e mestre em Direitos Humanos Anderson Cavichioli (2021, p. 45), "o nome de uma pessoa a faz estar no mundo de forma singular, registra sua presença particular, a destaca da multidão". O nome de uma mulher transexual e travesti representa sua construção histórica, dimensionado a partir das dores que foram vividas para que hoje ela possa se afirmar enquanto mulher. No âmbito do Serviço Social brasileiro, a categoria apresenta-se como pioneira na garantia da utilização do nome social no desenvolvimento do exercício profissional de transexuais e travestis e com posterior inclusão no Documento de Identidade Profissional, conforme está estabelecido na Resolução CFESS n.º 785/2016. De acordo com a legislação citada, em seu Art. 1º:

> Fica assegurado aos profissionais travestis e transexuais, nos termos desta resolução, o direito à escolha de tratamento nominal a ser inserido no Documento de Identidade Profissional da/do Assistente Social, bem como nos atos e procedimentos promovidos no âmbito do CFESS e dos CRESS. (CFESS, 2016, s/p).

Nesse movimento, é possível identificar o sentido à humanização dessa população usuária no interior da categoria profissional, alcançando em parte a operacionalização do princípio XI do CEP. Esse processo ocorre contrário à lógica liberal, na qual "direitos devem corresponder meras abstenções, a omissão nominal se dá para a preservação de valores [...]" (CAVICHIOLI, 2021, p. 45). Os valores apontados baseiam-se na construção de uma lógica conservadora que sequer enxerga mulheres transexuais e travestis como mulheres em suas mais plurais noções de mulheridades e feminilidades. Para além do reconhecimento do nome social como o básico para se reconhecer e respeitar a autonomia do ser social na experiência de mulheres transexuais e travestis, devemos perceber também o avanço nas discussões sobre o trabalho das assistentes sociais no processo transexualizador, conforme foi possível considerar nos trabalhos do CBAS. Inseridas na equipe multidisciplinar, a assistente social tem um papel fundamental que ocorre coletivamente frente ao acesso de bens e serviços prestados às mulheres transexuais e travestis no âmbito do SUS.

A formação acadêmica não limitada aos muros da modernidade deve ser considerada enquanto uma das estratégias para a humanização de mulheres transexuais e travestis no/para o Serviço Social. Diante do contexto contemporâneo, em que os saberes subalternos passam a evidenciar os currículos, o Serviço Social tem tentado acompanhar parte da chamada virada epistemológica. Um exemplo disso é o aprofundamento nos estudos de gênero e, antes disso, o reconhecimento do gênero como uma questão que atravessa toda a construção histórica da profissão. Tal processo só começa a acontecer com o avanço das epistemologias feministas. Nesse sentido,

> O feminismo como movimento social, intelectual e como teoria valoriza a experiência das mulheres, ao encampar contestações e resistências, elaborar estudos e tendências que problematizam as opressões de gênero e, conjugados com protestos e críticas, caminham em prol de direitos políticos, civis e sociais face às estruturas de poder que excluem, dominam e subordinam. (OLIVEIRA, 2019, p. 160).

Consideramos pensar, portanto, sob um Serviço Social que tem, de fato, desenvolvido uma transformação e quebra de paradigmas. Um Serviço Social que na luta por uma nova ordem societária pode e deve integrar mulheres transexuais e travestis em seu bojo de existência, tanto na formação em Serviço Social, na atuação dessas mulheres como assistentes sociais e/ou na operacionalização de direitos civis e sociais a essa população usuária. Com isso, evidenciamos a importância de desenvolvermos uma crítica *queer*, pois "apresenta uma abordagem epistemológica interrogativa dos regimes de poder e saber e de seu funcionamento" (CAVICHIOLI, 2021, p. 71). Não é um processo fácil, visto que há ainda certa resistência em perceber as relações de gênero estabelecidas por mulheres transexuais e travestis no âmbito do trabalho profissional de assistentes sociais como necessárias de uma análise coletiva, não vinculando suas experiências apenas em uma ótica de pensamento.

As experiências de mulheres transexuais e travestis no/para o Serviço Social tem nos proporcionado pistas para o alcance da humanização de suas identidades e resistências. Os sentidos que se produzem a partir da presente pesquisa incorpora parte do que sugerimos como sendo uma "revolução travesti" no Serviço Social. Há múltiplas formas de se promover a humanização dessas mulheres, mesmo sabendo que:

> A circulação de transexuais e das travestis, ainda que intensa, se faz pelas margens. É nesse território de abjeção que elas articulam suas redes fluidas que se constituem "no aqui", para se desmancharem e se reconstruírem em outro lugar. (CAVICHIOLI, 2021, p. 109).

Os territórios e espacialidades ocupados por mulheres transexuais e travestis no/para o Serviço Social passam a ser evidenciados com a compreensão legal das identidades transexuais e travestis enquanto dimensões pertencentes à subjetivação do ser social. Outrora, entre o período de 2010 a 2011, a professora e assistente social Adriana Lohanna, já mencionada, compôs a Executiva Nacional dos Estudantes de Serviço Social (Enesso), representando a Região III — Alagoas, Bahia e Sergipe. Sua atuação na maior representação discente de estudantes de Serviço Social certamente contribuiu para que, hoje, possamos ver mais mulheres transexuais e travestis ocupando espaços de representação discente, sabendo que, segundo Cavichioli (2021, p. 142), "a violência do Estado não as quer na universidade". Dessa maneira, seja em suas instituições a nível local, por meio de seus respectivos centros acadêmicos, na representação popular de movimentos sociais ou a nível nacional como a Enesso ou a União Nacional dos Estudantes (UNE), a representação discente para mulheres transexuais e travestis é uma potência contemporânea e política.

De toda sorte, é imprescindível que ocorra esse "ocupar transgressor" que desestabilize os regimes de normalização presentes também na organização estudantil. Para que se chegue a essa representação, muitas mulheres transexuais e travestis são atravessadas por processo de exclusão e violências durante os seus processos formativos. Nesse contexto, é importante reconhecermos que, ainda hoje,

> [...] transexuais e travestis enfrentam a exclusão formativa-educacional, baseada em diversos regimes de regulação: racismo, sexismo, cissexismo, heterossexismo, capacitismo. Essa realidade fica mais complexa na transexualidade e na travestilidade, pois são acionados vários marcadores sociais ao mesmo tempo. (CAVICHIOLI, 2021, p. 140).

No campo do Serviço Social brasileiro, devemos formular estratégias de enfrentamento a esse processo de exclusão, histórico, e que ainda marca a vida de mulheres transexuais e travestis as lançando em locais subalternizados como a prostituição, retirando toda e qualquer chance de alcançarem uma inteligibilidade social ou até mesmo se constituírem como assistentes sociais. Se o caminho para nós, bichas afeminadas, possui pedras, para elas, são colocados pregos voltados para cima, impedindo-as de ascender profissionalmente sem passar por perfurações profundas e que, por vezes, acabam deixando cicatrizes evidentes.

Ao remetermos a noção de exclusão que atravessa as experiências de mulheres transexuais e travestis no/para o Serviço Social, devemos reconhecer que "a exclusão também é política" (CAVICHIOLI, 2021, p. 143). Ou seja, constrói-se também nos espaços de "controle" da categoria. Onde estão as mulheres transexuais e travestis no conjunto CFESS/CRESS? Quantas assistentes sociais, mulheres transexuais e travestis estão representando a categoria em seus respectivos conselhos regionais? Sabemos que uma constante luta do conjunto CFESS/CRESS é a luta contra a transfobia. Como já considerado, em 2011, foi construída coletivamente a Resolução CFESS 615/2011, sobre o uso do nome social pelas assistentes sociais em seus respectivos registros. É preciso reconhecer tal processo como um avanço significativo para a categoria, todavia ele não deve parar por aí. A transfobia pode ganhar força de diferentes maneiras, sendo a institucional uma das mais preponderantes na realidade de espaços que não são ocupados por mulheres transexuais e travestis.

Enquanto usuárias, mulheres transexuais e travestis carregam consigo demandas que se aprofundam com as desigualdades oriundas do sistema cisheteronormativo e fundem-se ao dia a dia das assistentes sociais no instante em que se encontram com o processo de trabalho do Serviço Social nos diferentes espaços sócio-ocupacionais. Não basta apenas ouvir a expressão da violência que se desenvolve, visto que "a apreensão da precarização de suas vidas desumanizadas não garante a proteção ou a garantia de condições para sua sobrevivência" (CAVICHIOLI, 2021, p. 147). Nesse sentido, o processo de recusa de direitos de mulheres transexuais e travestis é constante, cabendo à assistente social construir coletivamente formas outras de se enfrentar o fenômeno da violência.

Compreende-se que o caminho para a humanização das experiências de mulheres transexuais e travestis no Serviço Social contemporâneo só poderá ocorrer a partir de práticas de revolução, tanto no pensamento, nas pesquisas e na promoção de uma nova ordem societária em que mulheres transexuais e travestis façam-se presentes no/para o Serviço Social brasileiro, não mais tendo suas dimensões cotidianas apenas como objetos de estudos, mas se fazendo parte de um Serviço Social ligado à defesa intransigente dos

Direitos Humanos, de fato, a defesa dos corpos, das identidades, das sexualidades e das vidas de mulheres transexuais e travestis, pois se sabendo que a transfobia se constrói, segundo Cavichioli (2021, p. 175): "pelos discursos de ódio que atravessam os séculos, gerando o contexto das violências". Assim, encontramos uma categoria aberta ao diálogo, a conhecer o "novo" frente as exigências que atravessam o Serviço Social e a compreender as diferenças como uma oportunidade para romper com os regimes de normalização e trazer mulheres transexuais e travestis, insurgentes no/para o Serviço Social para o centro de sua atuação e não mais sendo vistas apenas nas margens, escondidas em corredores dentro de trabalhos pouco evidenciados ou ainda presentes apenas em rascunhos velhos e empoeirados.

Assim, evidenciamos que os atravessamentos de violências podem sim ser combatidos no/pelo Serviço Social brasileiro ao entendermos que, "se existe o preconceito, o estigma, a intolerância e a discriminação é porque o trans, de trans-gênero, vem de transgressão" (LANZ, 2014, p. 25). O convite que realizamos é simples, sem muito arrodeio. Ousemos, a partir do Serviço Social, enquanto uma categoria historicamente ligada na defesa dos direitos sociais, promover a (re)existência de mulheres transexuais e travestis que em suas mais plurais noções de mulheridades e feminilidades só trazem avanços para a categoria profissional.

Feito este terceiro movimento de travessia, em que se debatem questões centrais sobre a importância de se pensar a pesquisa em Serviço Social como um espaço que humanize mulheres transexuais e travestis, chegamos no desenlace da pesquisa, visto que, na perspectiva pós-estruturalista, privilegiamos a continuidade, o aperfeiçoamento e o reconhecimento de que nada está posto, mas em constante transformação, não sendo possível ou ético dar um ponto-final em algo tão necessário que movimenta correntes antes sequer mencionadas.

DESENLACE

Por ora, é isso...

À guisa de um desenlace, pois nada está concluído nesse constante desmoronamento do *cis*tema sob as experiência e vidas de mulheres transexuais e travestis, afirmamos: estamos diante de uma proposta insurgente no/para o Serviço Social brasileiro. É a hora de darmos as mãos às mulheres transexuais e travestis para que elas possam acender as chamas da renúncia a todo processo normalizador instaurado ao longo dos anos por uma cultura machista, transfóbica, racista e que ganha voz com a concentração de uma política neoliberal para além da política — entrando em nossos lares, em nossos pensamentos e ações diárias. Comecemos a estabelecer, de fato, relações de apoio com mulheres transexuais e travestis. Elas são históricas! Possuem vozes que, por vezes, são silenciadas pelos regimes normalizadores.

Consideremos as *outsiders* em nossas experiências diárias. Ao gritarmos que "Ninguém solta a mão de ninguém!", entendamos que isso deve ocorrer em todos os espaços, seja na formação acadêmica, na prática profissional, na prática política ou na vida cotidiana. Não basta trazermos a diversidade se não aprofundamos as identidades que a constitui. Como já discorrido, a diversidade não basta. É preciso lutar contra os regimes de normalização, inclusive na pesquisa e Serviço Social que, nesta pesquisa, prova-se estar a anos luz de uma significativa tratativa sob o "universo trans".

O *queer*, enquanto uma perspectiva não normativa para se pensar as insurgências no/para o Serviço Social, tende trazer à cena realidades concretas que atravessam aa muitas dimensões das vidas de mulheres transexuais e travestis em diferentes espaços sócio-ocupacionais, onde, por vezes, acabam sendo silenciadas ou sequer mencionadas frente ao vasto campo construído historicamente pela categoria profissional. E isso é de fato muito difícil quando pensamos que o Serviço Social está estruturado há quase 30 anos sob um código de ética que instrumentaliza uma prática profissional com vista ao respeito às diferenças. Esperamos que, a partir das pistas aqui apresentadas, possamos repensar nossas práticas diárias enquanto sujeitos políticos ligados na defesa intransigente dos Direitos Humanos.

Dada a produção do conhecimento no Serviço Social estudada, evidenciamos uma preocupação da categoria em atender as demandas que se apresentam no fazer diário das/dos assistentes sociais. Todavia, há uma notável limitação na dimensão crítica que enxergue as experiências de mulheres transexuais e travestis para além do processo transexualizador. Dessa forma, a categoria profissional deve compreender e inserir em suas práticas de pesquisa as dinâmicas e relações estabelecidas com o "universo trans" em diferentes óticas e narrativas, atentando-se, por exemplo, às realidades de mulheres transexuais e travestis pretas que se constituem também na dimensão da raça como perspectiva de análise social e histórica.

A partir do material reunido sobre o "universo trans" no Congresso Brasileiro de Assistentes Sociais (CBAS), chegamos ao ponto de encontro com os questionamentos elencados. Aqui, consideramos um olhar *queer*, conforme a nossa perspectiva de análise adotada. Cabe evidenciar que já entramos nesse alto mar sabendo nadar, sabendo que em meio a tanta água, por vezes não conseguiríamos avistar alguma ilha. Mas, afinal, avistamos! Quais tendências teóricas e percepções têm sido evidenciadas na apreensão do "universo trans" no Serviço Social? Na maioria dos estudos, como já se era esperado, a perspectiva histórico-dialética é contemplada quase que na totalidade, sendo percebida também uma dimensão interdisciplinar em alguns dos trabalhos. Acreditamos que as tendências teóricas emergentes ainda causam estranheza para a categoria, assim como qualquer roupa nova que compramos e, por vezes, promove alguns apertos. Talvez, um certo aperto seja necessário para que alguns olhos sejam abertos.

É preciso ter cuidado para não aprofundar a dimensão LGBTQIAPN+ e sua luta histórica, silenciando epistemologicamente mulheres transexuais e travestis. Parece confuso? Nós explicamos. Compreendendo que as transexualidades e as travestilidades são frutos dos chamados novos movimentos sociais, então, é imprescindível conhecer e diferenciar o movimento de mulheres transexuais e travestis do movimento homossexual que lutou na ditadura militar. Compreenderam? Esse processo só se dá a partir do reconhecimento e compreensão das particularidades que essas mulheres evidenciaram e evidenciam a categoria ao longo dos anos como o trabalho das assistentes sociais no Processo Transexualizador, no Plano Nacional de Assistência Estudantil (Pnaes), nos programas que visem a empregabilidade de mulheres transexuais e travestis, no combate à exploração sexual de mulheres transexuais e travestis. Da produção científica aberta a conceber as exigências da contemporaneidade que não se limita a apenas um contexto da vida social.

A produção analisada expressa uma realidade da população de "travestis e transexuais" que não acessam em sua totalidade a Política de Assistência Social, estando sujeitas à transfobia institucional, fazendo-se necessária uma constante reflexão sobre as práticas que desenvolvemos enquanto assistentes sociais. Insistimos em dizer que devemos nos aprofundar em leituras que proporcionem mais ferramentas para a operacionalização da Política de Assistência Social e das demais políticas e ações em saúde que possam compor o trabalho da assistente social, só poderá ocorrer com a humanização dessas mulheres no campo do Serviço Social em toda a sua estrutura, integrando o ensino, a pesquisa e a extensão.

O Processo Transexualizador é identificado como uma política presente na atuação das assistentes sociais enquanto parte da equipe multidisciplinar que desenvolve ações, serviços e direcionamentos ao acesso da população usuária. Por vezes, essa atuação pode ocorrer solitária, visto a complexidade do trabalho profissional e até mesmo a comunicação com as demais categorias que deve ocorrer sempre de maneira efetiva e sem possíveis ruídos. Dos 12 trabalhos analisados no âmbito do CBAS, é possível estabelecer que o processo transexualizador se exprime em 5. É importantíssimo que se reconheça a importância do Serviço Social nesse espaço, percebendo em suas atribuições os atravessamentos que possam servir de base ao avanço da profissão.

Na produção analisada, conseguimos perceber que as discussões se estabeleceram em quatro eixos de pesquisa: Trabalho, Saúde, Controle Social e Justiça. Há de se reconhecer o esforço empregado pelas autoras em trazer reflexões importantes para uma leitura do "universo trans" que se encontre com as atribuições profissionais das assistentes sociais. O uso, mesmo que pouco aprofundado, de autoras pós-estruturalistas em uma escrita com um método de análise comum e extremamente legítimo ao Serviço Social nos prova que só é possível pensar a diferença no Serviço Social, a partir da diferença. A diferença não morde, não causa danos. Particularmente, acredita-se que, em tempos tão difíceis para a operacionalização de políticas públicas, um olhar mais atento às diferenças só contribuirá ao aperfeiçoamento do Serviço Social, enquanto uma categoria que sempre está nas frentes de lutas populares. No conhecimento, na produção e na prática: lutemos por uma Revolução Travesti!

Se a produção do conhecimento no Serviço Social é evidenciada pela preocupação em atender as demandas que se apresentam no fazer diário das assistentes sociais, cabe, por um lado, compreender e inserir em suas práticas de pesquisa as dinâmicas e relações estabelecidas com o "universo trans". A humanização de mulheres transexuais e travestis só pode ser operacionalizada de fato com a sua real presença no campo da produção do conhecimento no Serviço Social. Por outro lado, em relação às estratégias para o enfrentamento das expressões de violências contra mulheres transexuais e travestis, cabe às assistentes sociais, dotadas em processo formativo e profissional, compreender as particularidades que atravessam as vidas de mulheres transexuais e travestis no âmbito do SUS, de modo a estarem atentas ao aprofundamento das invisibilidades que cercam essa população usuária.

A partir da entrada de mulheres transexuais e travestis na formação e, consequentemente, na produção do conhecimento — de sua própria carne, apresentando ainda um maior movimento nos campos da antropologia, da sociologia e da educação —, chegamos ao Serviço Social com uma perspectiva de transformação que se confirma com a legitimação acadêmica apontada no CBAS (2016-2019). Mesmo que pouco audível, elas estão ocupando mais um local político e passível de evolução. Elas resistem à norma que tem dificultado a produção do saber sob caminhos outros da pesquisa científica no campo do Serviço Social.

Ao remetermos a saúde, já evidenciada como nosso futuro campo de atuação profissional, compreendemos que ao tencionarmos a Política Nacional de Humanização (PNH), enquanto um dos nortes para a construção de um fazer profissional que cumpra seus objetivos éticos e legais no processo de trabalho que integre as experiências de mulheres transexuais e travestis, devemos considerar algumas demandas essenciais para se instrumentalizar tal processo, entre elas:

1. a necessidade de uma formação complementar e continuada preocupada com a realidade histórica e social de mulheres transexuais e travestis;
2. a formulação de redes de acolhimento e escuta qualificada;
3. a garantia de uma rede de proteção social articulada;
4. o aprofundamento às legislações específicas que promovam o acesso humanizado de mulheres transexuais e travestis às ações e serviços de saúde;
5. a apreensão dos encaminhamentos que porventura possam surgir de maneira a construir uma rede articulada para a promoção de políticas públicas.

Outrossim, dadas as questões apresentadas, também pontuamos alguns desafios para a aplicabilidade da humanização em saúde de mulheres transexuais e travestis. Entre eles:

1. o conservadorismo permeado por questões pessoais que não devem sobrepor durante a prática profissional, o ideal transformador do projeto ético-político e o código de ética profissional na defesa intransigente dos Direitos Humanos;
2. o não aprofundamento teórico às particularidades que integram as identidades que perpassam a sociedade contemporânea;
3. a falta de financiamento na operacionalização de políticas públicas e sociais que promovam o acesso humanizado de mulheres transexuais e travestis às ações e aos serviços de saúde;

Apesar de todos os avanços e garantias conquistadas pelo movimento de mulheres transexuais e travestis na política de saúde, a falta de fomento às políticas públicas específicas para mulheres transexuais e travestis apresenta-se como um dos primeiros desafios para que a humanização em saúde seja de fato instrumentalizada em todos os níveis da atenção em saúde. Com isso, evidenciamos a permanência das instituições no binômio sexo-gênero que acaba impossibilitando que mulheres transexuais e travestis sejam, primeiramente, reconhecidas como humanas e, consequentemente, humanizadas no âmbito do SUS.

Enquanto sociedade, somos atravessadas por uma cultura conservadora que por vezes não concebe as identidades de mulheres transexuais e travestis enquanto uma possibilidade de vida, comum a todo ser social. Para que possamos romper diariamente com esse ciclo de violências, faz-se necessária também a reflexão a respeito da educação continuada da equipe multidisciplinar, desde a porta de entrada ao atendimento especializado. A abordagem de temáticas relacionadas aos estudos de gênero na saúde ainda é uma falta presente em boa parte das instituições e quando ocorre, possivelmente, não há o aprofundamento necessário nas particularidades de mulheres transexuais e travestis.

Na perspectiva de pesquisa que decidimos trilhar, compactuamos com a professora transfeminista Letícia Nascimento ao expor que devemos utilizar o termo "mulheres" no plural para "demarcar os diferentes modos pelos quais podemos produzir estas experiências sociais, pessoais e coletivas" (NASCIMENTO, 2021, p. 25). Dessa forma, mulheres transexuais e travestis no âmbito do SUS devem ser concebidas em toda totalidade de suas experiências. Somente a partir dessa percepção, poderemos de fato superar os desafios que se reconstroem com o tempo, passando a invisibilizar essas mulheres de formas por vezes silenciosas, mas que ferem e negam um direito fundamental à vida de qualquer pessoa.

Devemos, portanto, lutar para que o Serviço Social, frente às especificidades dadas ao trabalho multiprofissional em saúde, dentre elas, a luta diária pela despatologização da experiência de mulheres transexuais e travestis, possa realizar um mergulho nos saberes insurgentes[19]. Assim também são as leis que regem a sociedade civil, tanto no âmbito público, quanto no âmbito privado. Consideramos pensar que os desafios para a acesso de mulheres transexuais e travestis aos serviços e ações em saúde não são difíceis de serem superados, quando há um comprometimento por parte de todos os envolvidos. Nesse sentido, o Estado, a sociedade civil e as organizações sociais devem pôr em suas agendas de luta a humanização de mulheres transexuais e travestis como uma possibilidade de rompimento com o conservadorismo hegemônico presente no SUS. Não basta apenas tolerar a pouca, mas existente presença dessas mulheres na saúde. É preciso que elas existam de fato para a Política de Saúde.

Outro desafio que apontamos é a compreensão do Serviço Social, enquanto uma categoria ligada na defesa intransigente dos Direitos Humanos, enxergar nas experiências de mulheres transexuais e travestis a noção da Outra. Outra vida além da nossa que se constitui por atravessamentos de raça, gênero, classe, corporalidades, entre outros. Dessa forma, refletimos

---

[19] O professor Richard Miskolci aprofunda a discussão sobre saberes insurgentes em seu artigo, intitulado "Um saber insurgente ao Sul do Equador". Acesse o material pelo link: https://periodicos.ufba.br/index.php/revistaperiodicus/article/view/10148.

que quando há o alcance de um processo de formação continuada, como já expresso, e esse processo é instrumentalizado de alguma maneira para em seguida ser operacionalizado, podemos chegar ao rompimento de padrões e condutas binárias que por anos sucateia o acesso humanizado de mulheres transexuais e travestis no SUS.

Não há como situar os desafios para a aplicabilidade da humanização em saúde de mulheres transexuais e travestis sem ir de encontro às instituições, de forma que a humanização se apresente como um conjunto de ações que garanta a saúde sob o processo de atenção e cuidado. Assim, é de grande importância que as instituições de saúde compreendam, inclusive por parte de suas respectivas gestões, a importância de se pensar a humanização em saúde de mulheres transexuais e travestis e, para além disso, proporcionar que as instituições se constituam, a partir do alcance da integralidade enquanto princípio basilar do SUS.

Trilhamos, portando, um caminho por vezes solitário em busca da humanização em saúde de mulheres transexuais e travestis, mas necessário para que o Serviço Social brasileiro possa pensar em formas outras de pensar as diferenças. É um processo ainda desafiador, mas não impossível — se houver de fato o comprometimento com a população usuária de mulheres transexuais e travestis e com as leis vigentes que determinam a instrumentalizam a humanização dessas mulheres, mas que, por vezes, acabam ficando apenas no instrumento, sem a devida operacionalização. E é sobre isso. É sobre enxergar e lutar contra os atravessamentos que diariamente corroboram ao não acesso humanizado e a invisibilidade de mulheres transexuais e travestis no âmbito do SUS. Não, não estamos confortáveis e nem tampouco conformadas com a realidade. O desmoronamento começa por cada uma de nós. Sejamos todas, portanto: insurgentes!

O sentido de importância em promover cada vez mais rupturas no conservadorismo nos incendeia. Nós contemplamos o desmoronamento, o "novo", a diferença. Acostumem-se, pois o *queer* é recusa, confronto, AFRONTE! Sabemos que a dor é grande, o silenciamento existe, sobretudo quando se rasga a carne (literalmente) de mulheres transexuais e travestis, como tem acontecido demasiadamente em diferentes espaços. Encontramos uma centelha, e conforme ensina a saudosa teórica feminista antirracista, bell rooks (2013), em sua obra *Ensinando a transgredir: a educação como prática de liberdade*, nós vimos, na teoria, um local para a cura! Esse é apenas um começo, um salto. E o horizonte? Ah... esse é inevitável. Há braços!

REFERÊNCIAS

ABRAMIDES, Maria Beatriz Costa. Memória: 80 anos do Serviço Social no Brasil: O III CBAS "O Congresso da Virada" 1979. **Serviço Social & Sociedade**, São Paulo, n. 128, p. 181-186, jan./abr. 2017.

ALMEIDA, Fayllane Araujo *et al.* A dificuldade de acesso de usuários(as) do processo transexualizador aos serviços de hormonioterapia. *In:* CONGRESSO BRASILEIRO DE ASSISTENTES SOCIAIS, 16., 2019, Brasília. **Anais** [...]. São Paulo: CBAS, 2019.

BACCARIM, Roberta Cristina Gobbi; TAGLIAMENTO, Grazielle. Acesso de Pessoas Trans à Saúde: uma Análise das Práticas de Profissionais. **Psicologia Argumento**, [*s. l.*], v. 38, n. 102, p. 604-625, set. 2020. ISSN 1980-5942. Disponível em: https://periodicos.pucpr.br/psicologiaargumento/article/view/26053. Acesso em: 5 nov. 2021.

BARROCO, Maria Lucia Silva; TERRA, Sylvia Helena. **Código de Ética do/a Assistente Social**: comentado. Organização do Conselho Federal de Serviço Social – CFESS. São Paulo: Cortez, 2012. 262 p.

BENTO, Berenice Alves de Melo. **O que é transexualidade**. São Paulo: Brasiliense, 2008. (Primeiros Passos).

BENTO, Berenice. Política da diferença: feminismos e transexualidades. *In:* COLLING, Leandro. (org.). **Stonewall40 + o que no Brasil?** Salvador: EDUFBA, 2011. p. 79-110.

BRASIL. **Constituição da República Federativa do Brasil**. Brasília: Senado Federal: Centro Gráfico, 1988.

BRASIL. **Lei 8080 de 19 de setembro de 1990**. Dispõe sobre as condições para a promoção, proteção e recuperação da saúde, a organização e o funcionamento dos serviços correspondentes e dá outras providências. Brasília: Presidência da República, 1990. Disponível em: http://www.planalto.gov.br/ccivil_03/leis/l8080.htm. Acesso em: 14 ago. 2021.

BRASIL. Ministério da Saúde. **HumanizaSUS**: documento base para gestores e trabalhadores do SUS. 2. ed. Brasília: Ministério da Saúde, 2014.

BRASIL. **Resolução 785/2016**. Dispõe sobre a inclusão e uso do nome social da assistente social travesti e da/do assistente social transexual no Documento de Identidade Profissional. Brasília: CFESS, 2016. Disponível em: http://www.cfess.org.br/arquivos/ResCfess7852016.pdf. Acesso em: 14. ago. 2021.

BRASIL, Camila da Costa; ROCHA, Claudiana Silva da; RIBEIRO, Cristina Souza; CAMURÇA, Cristina Souza; BARROS, Idelsirlene Costa. Atuação do Conselho Municipal de Direitos de Lésbicas, Gays, Bissexuais, Travestis e Transexuais do município de Fortaleza. *In:* CONGRESSO BRASILEIRO DE ASSISTENTES SOCIAIS, 16., 2019, Brasília. **Anais** [...]. São Paulo: CBAS, 2019.

BRITO, Helena Godoy. A transexualidade e a travestilidade e o acesso à política de assistência social do Distrito Federal. *In:* CONGRESSO BRASILEIRO DE ASSISTENTES SOCIAIS, 15., 2016, Brasília. **Anais** [...]. São Paulo: CBAS, 2016.

BUTLER, Judith. Vida precária. Tradução de Angelo Marcelo Vasco. **Contemporânea**, [*s. l.*]. p. 13-33, 2011.

BUTLER, Judith. **Corpos que importam**: os limites discursivos do "sexo". Tradução de Veronica Daminelli e Daniel Yago Françoli. São Paulo: n-1 edições, 2019.

BUTLER, Judith. **Problemas de Gênero**: Feminismo e subversão de identidade. Tradução de Renato Aguiar. 8. ed. Rio de Janeiro: Civilização Brasileira, 2015.

CAVICHIOLI, Anderson. **Dandara Katheryn**: a mulher de nome bonito. Salvador: Devires, 2021.

CIASCA, Saulo Vito; POUGET, Frederic. Aspectos históricos da sexualidade humana e desafios para a despatologização. *In:* CIASCA, Saulo Vito; HERCOWITZ, Andrea; JUNIOR, Ademir Lopes (ed.). **Saúde LGBTQIA+**: práticas de cuidado transdisciplinar. Santana de Parnaíba: Manole, 2021. p. 12-17.

CISNE, Mirla; SANTOS, Silvana Mara Morais dos. **Feminismo, Diversidade Sexual e Serviço Social**. São Paulo: Cortez, 2018.

CONSELHO NACIONAL DE COMBATE À DISCRIMINAÇÃO E PROMOÇÕES DOS DIREITOS DE LÉSBICAS, GAYS, TRAVESTIS E TRANSEXUAIS. **Resolução nº 12, de 16 de janeiro de 2015**. Brasília: SDH, 2015. Disponível em: http://www.sdh.gov.br/sobre/participacao-social/cncdlgbt/resolucoes/resolucao-012. Acesso em: 27 set. 2021.

CONSELHO FEDERAL DE SERVIÇO SOCIAL. **Código de Ética do/da assistente social**. Lei 8.662/93 de regulamentação da profissão. 9. ed. rev. e atual. Brasília: Conselho Federal de Serviço Social, 2012.

CONSELHO FEDERAL DE SERVIÇO SOCIAL. **Código de Ética do/a Assistente Social**. Aprovado em 13 de março de 1993 com as alterações Introduzidas pelas Resoluções CFESS nº290/94, 293/94, 333/96 e 594/11. Brasília: CFESS, 1993. Disponível em: http://www.cress-es.org.br/wp-content/uploads/2019/06/CARTILHA-CRESS_2a-edicao-2019_web.pdf. Acesso em: 10 set. 2021.

CONSELHO FEDERAL DE SERVIÇO SOCIAL. **Série – Assistentes Sociais no Combate ao Preconceito**: Transfobia. Organizado pela Comissão de Ética e Direitos Humanos. Brasília: CFESS, 2016. (Caderno 4). Disponível em: http://www.cfess.org.br/arquivos/CFESS-Caderno04-Transfobia-Site.pdf. Acesso em: 10 jun. 2021.

CONSELHO FEDERAL DE SERVIÇO SOCIAL. **Orientações para o Atendimento de Pessoas Trans no Conjunto CFESS-CRESS**. Brasília: CFESS, 2019. Disponível em: http://www.cfess.org.br/arquivos/CFESS-NomeSocial-Folder-30x25cm-Aprovado.pdf. Acesso em: 10 jun. 2021.

CARVALHO, Stella. **A mantenedora do ritual**. Projeto Gráfico de Luíz Matheus Brito. São Cristóvão: [*s. n.*], 2021. 13 p.

DUARTE, Jessyca Barbosa; COSTA, Renata Maria Paiva da. "Da noite para o Dia": o tráfico de pessoas, a exploração sexual e a prostituição para Travestis e Transexuais. *In:* CONGRESSO BRASILEIRO DE ASSISTENTES SOCIAIS, 16., 2019, Brasília. **Anais** [...]. São Paulo: CBAS, 2019.

DUARTE, José de Oliveira; ROCON, Pablo Cardozo. Reflexões sobre a importância do assistente social no Processo Transexualizador. *In:* CONGRESSO BRASILEIRO DE ASSISTENTES SOCIAIS, 16., 2019, Brasília. **Anais** [...]. São Paulo: CBAS, 2019.

FARIA, Sandra de. **Produção de conhecimento e agenda sócio-profissional no Serviço Social Brasileiro**. 2003. Tese (Doutorado em Serviço Social) – Pontifícia, Universidade Católica de São Paulo, São Paulo, 2003. Disponível em: http://www.cpihts.com/PDF/Sandra%20Faria.pdf. Acesso em: 13 jun. 2019.

FRAGA, Cristina Kologeski. A atitude investigativa no trabalho do assistente social. **Serviço Social e Sociedade**, São Paulo, n. 101, p. 40-64, jan./mar. 2010.

GREEN, James Naylor. **Além do Carnaval**: A homossexualidade masculina no Brasil do século XX. 2. ed. São Paulo: Editora Unesp, 2019.

HOOKS, Bell. **Ensinando a transgredir**: a educação como prática de liberdade. Tradução de Marcelo Brandão Cipolla. São Paulo: Editora WMF Martins Fontes, 2013.

IAMAMOTO, Marilda Villela. **O serviço social na contemporaneidade**: trabalho e formação profissional. Marilda Villela Iamamoto. 3. ed. São Paulo: Cortez, 2000.

IAMAMOTO, Marilda Villela; CARVALHO, Raul de. **Relações sociais e serviço social no Brasil**. 41. ed. São Paulo: Cortez, 2014.

JESUS, Jaqueline Gomes de. Xica Manicongo: a transgeneridade toma a palavra. **Revista Docência e Cibercultura**, [*s. l.*], v. 3, n. 1, p. 250-260, jun. 2019. Disponível em: https://www.e-publicacoes.uerj.br/index.php/re-doc/article/view/41817. Acesso em: 12 nov. 2021.

KILOMBA, Grada. "Descolonizando o conhecimento uma Palestra-Performance de Grada Kilomba". Tradução de Jessica Oliveira. **Blog de João Camillo Penna**, maio 2018. Disponível em: https://joaocamillopenna.files.wordpress.com/2018/05/kilomba-grada-ensinando-a-transgredir.pdf. Acesso em: 10 out. 2021.

KRISTEVA, Julia. **Powers of horror**. Nova York: Columbia University Press, 1982.

LANZ, Letícia. **O corpo da roupa**: A pessoa transgênera entre a transgressão e a conformidade com as normas de gênero. Uma introdução aos estudos transgêneros. Curitiba: Transgente, 2015. 446 p.

LION, Antonio de. Corpo anacrônico (sucedido por uma alegoria queer sobre as musas). *In*: SOUSA NETO, Miguel Rodrigues; GOMES, Aguinaldo Rodrigues (org.). **História & Teoria Queer**. Salvador: Editora Devires, 2018. p. 255-288.

LISBOA, Teresa Kleba; OLIVEIRA, Catarina Nascimento de. Serviço Social com perspectiva de gênero: o que a "cegueira ideológica" não permite ver. **Revista Feminismos**, Salvador, v. 3, n. 2-3, p. 103-114, maio/dez. 2015. Disponível em http://www.feminismos.neim.ufba.br. Acesso em: 5 set. 2021.

LOURO, Guacira Lopes. **Um corpo estranho**: ensaios sobre sexualidade e teoria queer. 3. ed. Belo Horizonte: Autêntica, 2021. 109 p.

LUSTOSA, Tertuliana. **Sertransneja**. [*s. l.* : *s. n.*], 2019.

MAGALHÃES, Ítalo Santos. A empregabilidade formal de Travestis e Transexuais beneficiadas do Programa Transcidadania na cidade de São Paulo. *In:* CONGRESSO BRASILEIRO DE ASSISTENTES SOCIAIS, 16., 2019, Brasília. **Anais** [...]. São Paulo: CBAS, 2019.

MENEZES, Moisés Santos de. **Os Não Recomendados**: A Violência Contra a População LGBT em Sergipe. Aracaju: Editora Diário Oficial do Estado de Sergipe – Edise, 2018.

MESQUITA, Camila Nogueira Chaves; RODRIGUES, Samantha Guedes Clemente. Estudo Exploratório sobre a temática da Transexualidade no ambiente universitário: reflexões e a intervenção do Serviço Social. *In:* CONGRESSO BRASILEIRO DE ASSISTENTES SOCIAIS, 16., 2019, Brasília. **Anais** [...]. São Paulo: CBAS, 2019.

MISKOLCI, Richard. Um saber insurgente ao sul do Equador. **Revista Periódicus**, [*s. l.*], n. 1, v. 1, p. 43-67, 2014. Disponível em: https://doi.org/10.9771/peri.v1i1.10148. Acesso em: 7 dez. 2022.

MISKOLCI, Richard. **Teoria Queer**: um aprendizado pelas diferenças. 3. ed. Belo Horizonte: Autêntica Editora, 2020. 84 p.

MISKOLCI, Richard. A Teoria Queer e a Sociologia: o desafio de uma analítica da normalização. **Sociologias**, Porto Alegre, n. 21, p. 150-182. jan./jun. 2009.

MOTA, Elizabete *et al.* (org.). **Serviço Social e Saúde**: formação e trabalho profissional. 4. ed. São Paulo: Cortez, 2009.

MOTT, Luiz. **Homossexuais da Bahia**: Dicionário Biográfico (Séculos XVI-XIX). Salvador: Editora Grupo Gay da Bahia, 1999.

NERY, João Walter. **Viagem solitária**: A trajetória de um transexual em busca de reconhecimento e liberdade. 2. ed. Rio de Janeiro: Leya, 2019.

OLIVEIRA, Catarina Nascimento de; LISBOA, Teresa Kleba. Serviço Social e Violências de Gênero: contribuições das epistemologias feministas para o debate. *In:* SEMINÁRIO INTERNACIONAL FAZENDO GÊNERO, 11., WOMEN'S WORLDS CONGRESS, 13., 2017, Florianópolis. **Anais** [...]. Florianópolis, p. 1-8, 2017.

PASSOS, Amilton Gustavo da Silva. **Uma ala para travestis, gays e seus maridos**: pedagogias institucionais da sobrevivência no Presídio Central de Porto Alegre. 2014. Dissertação (Mestrado em Educação) – Faculdade de Educação da Universidade Federal do Rio Grande do Sul, Porto Alegre, 2014.

PELÚCIO, Larissa; MISKOLCI, Richard. A prevenção do desvio: o dispositivo da Aids e a repatologização das sexualidades dissidentes. **Sexualidad, Salud y Sociedad** – Revista Latinoamericana, Rio de Janeiro, n. 1, p. 125-157, 2009.

PITZ, Daniel Luiz; RODRIGUES, Samantha Guedes Clemente. O direito ao nome e a retificação do registro civil após a decisão do Supremo Tribunal Federal. *In:* CONGRESSO BRASILEIRO DE ASSISTENTES SOCIAIS, 16., 2019, Brasília. **Anais** [...]. São Paulo: CBAS, 2019.

PONTES, Júlia Clara de; SILVA, Cristiane Gonçalves da. Cisnormatividade e passabilidade: deslocamentos e diferenças nas narrativas de pessoas trans. **Periódicus**: Revista de estudos indisciplinares em gêneros e sexualidades, Salvador, v. 1, n. 8, p. 396-417, 1 nov. 2017. Publicação periódica vinculada ao Grupo de Pesquisa CUS, da Universidade Federal da Bahia – UFBA. Disponível em: https://periodicos.ufba.br/index.php/revistaperiodicus/article/view/23211. Acesso em: 16 maio 2021.

PRADO, Francisco Rodrigues do. História dos Índios Cavalleiros ou da Nação Guaycurú. **Revista do Instituto Histórico e Geográfico Brasileiro**, Rio de Janeiro, v. 1, p. 25-57, 1908.

RIBEIRO, Djamila. **O que é lugar de fala?** Belo Horizonte: Letramento, 2017. (Feminismos plurais).

SANTOS, Adriana Lohanna dos. **Formação das pessoas transexuais na Universidade Federal de Sergipe:** enfrentamento e resistência das normas de gênero no espaço acadêmico. 90 f. 2017. Dissertação (Mestrado em Educação) – Universidade Federal de Sergipe, São Cristóvão, 2017.

SANTOS, Boaventura de Sousa; MENESES, Maria Paula. (org.). **Epistemologias do Sul**. Coimbra: Almedina, 2009.

SANTOS, Marcia Cristina Brasil; ALMEIDA, Guilherme Silva de Almeida; Prestes, Elisa Teruszkin; GEBRATH, Zelia Lima. Processo Transexualizador no SUS: um campo político e de práticas em construção e o protagonismo do Serviço Social. *In:* CONGRESSO BRASILEIRO DE ASSISTENTES SOCIAIS, 15., 2016, Brasília. **Anais** [...]. São Paulo: CBAS, 2016.

SANTOS, Marcia Cristina Brasil *et al.* Trabalho profissional de uma equipe de assistentes sociais no âmbito do Processo Transexualizador. *In:* CONGRESSO BRASILEIRO DE ASSISTENTES SOCIAIS, 16., 2019, Brasília. **Anais** [...]. São Paulo: CBAS, 2019.

SANTOS, Lucas Matheus da Silveira. Notas sobre a violência contra a População Trans e Travesti nos Serviços Públicos de Saúde no Brasil. *In:* CONGRESSO BRASILEIRO DE ASSISTENTES SOCIAIS, 16., 2019, Brasília. **Anais** [...]. São Paulo: CBAS, 2019.

SANTOS, Silmere Alves. **Trabalho docente, família e vida pessoal**: permanências, deslocamentos e mudanças contemporâneas. 2012. 310 f. Tese (Doutorado em Educação) – Universidade Federal de Sergipe, São Cristóvão, 2012.

SALIH, Sara. **Judith Butler e a Teoria Queer**. Tradução e notas de Guacira Lopes Louro. 1. ed. 6. reimp. Belo Horizonte: Autêntica Editora, 2019.

SCOTT, Joan Wallach. Gender: A Useful Category of Historical Analysis. **The American Historical Review**. [*s. l.*]. v. 91, n. 5, p. 1053-1075, dez. 1986. Disponível em: https://www.jstor.org/stable/1864376. Acesso em: 12 ago. 2021.

SILVA, Henrique da Costa; MOURA, Heider Victor Cabral de Moura. Transexualidades e serviço social: relato de experiência de atividades de formação com profissionais e estudantes de serviço social. *In:* CONGRESSO BRASILEIRO DE ASSISTENTES SOCIAIS, 15., 2016, Brasília. **Anais** [...]. São Paulo: CBAS, 2016.

SILVA, Maria Liduína de Oliveira e Silva (org.). **Congresso da Virada e o Serviço Social hoje**: reação conservadora, novas tendências e resistências. São Paulo: Cortez, 2019.

SILVA, Tomaz Tadeu. **Documentos de identidade**: uma introdução às teorias do currículo. Belo Horizonte: Autêntica, 2004.

TEDESCHI, Sirley Lizott; PAVAN, Ruth. A produção do conhecimento em educação: o pós-estruturalismo como potência epistemológica. **Praxis Educativa**, Ponta Grossa, v. 12, n. 3, p. 772-787, 2017. Disponível em: https://revistas2.uepg.br/index.php/praxiseducativa/article/view/9314. Acesso em: 10 set. 2021.

UNIVERSIDADE FEDERAL DE SERGIPE. **Portaria n.º 3383 de 18 de junho de 2013.** São Cristóvão: UFS, 2013.

VERAS, Elias Ferreira. **Travestis**: carne, tinta e papel. 2. ed. Curitiba: Appris, 2019.

YASBEK, Maria Carmelita. **Estudo da evolução histórica da escola de serviço social de São Paulo no período de 1936 A 1945**. 1977. Dissertação (Mestrado em Serviço Social) – Pontifícia Universidade Católica de São Paulo, São Paulo, 1977.

XICA Manicongo: a primeira travesti do Brasil. [*s. l.*]: Observatório do 3º Setor, 2021. 1 vídeo (113 min.), son., color. Disponível em: https://www.youtube.com/watch?v=xAS4he301wM. Acesso em: 2 dez. 2021.